Gabriel García de Oro

ERA UMA VEZ UMA EMPRESA

A sabedoria das fábulas para ter sucesso nos negócios

SEXTANTE

tradução
Luis Carlos Cabral

preparo de originais
Felipe Harrison

revisão
Gypsi Canetti e Taís Monteiro

projeto gráfico e diagramação
DTPhoenix Editorial

capa
Miriam Lerner

imagem de capa
Corbis (DC) / Latinstock

impressão e acabamento
Bartira Gráfica e Editora S/A

CIP-BRASIL. CATALOGAÇÃO-NA-FONTE
SINDICATO NACIONAL DOS EDITORES DE LIVROS, RJ

G198e García de Oro, Gabriel, 1976-
Era uma vez uma empresa / Gabriel García de Oro [tradução de Luis Carlos Cabral]; Rio de Janeiro: Sextante, 2011.

Tradução de: La empresa fabulosa
ISBN 978.85.7542.701-9

1. Cultura organizacional. 2. Arte de contar histórias. I. Título.

CDD: 658.4
11-4783 CDU: 005.322:316.46

Rua Voluntários da Pátria, 45 – Gr. 1.404 – Botafogo
22270-000 – Rio de Janeiro – RJ
Tel.: (21) 2538-4100 – Fax: (21) 2286-9244
E-mail: atendimento@esextante.com.br
www.sextante.com.br

Sumário

As histórias servem para ninar
as crianças e despertar os adultos.

Hans Christian Andersen

Prólogo

Por volta dos anos 1980, Ed Schein, grande estudioso da cultura organizacional, dizia que se alguém quisesse entender o funcionamento de uma empresa precisava observar seus símbolos, os rituais dos funcionários e, mais importante, ouvir as conversas de corredor. Nesses bate-papos, surgem histórias para todos os gostos: sobre "heróis", como o vendedor que dobrou as vendas em um ano; sobre puxa-sacos, como o sujeito que não desgrudou do gerente na festa de fim de ano; e sobre chefes autoritários, como o presidente que repreendeu um diretor no meio de uma reunião porque sua gravata não combinava com as cores da empresa.

Essas histórias são mais reveladoras do que o balanço da empresa. Elas falam de valores, comportamentos, receitas para o sucesso ou para o fracasso. Falam do ar que se respira na organização e da cultura que se vive ali, ou seja, do que não está escrito nos "lemas" que decoram as paredes nem disponível na intranet. Falam, em resumo, de emoções. Por isso são tão poderosas, capazes de transmitir sensações que chegam com tanta intensidade à mente de quem as ouve. Não é de estranhar que nossos antepassados tenham transmitido seu conhecimento por meio de lendas, ou que livros sagrados de várias religiões apresentem registros de oralidade. Contar histórias é uma das maneiras mais sutis e efetivas de adquirir conhecimentos e valores. E a explicação está em nossa mente.

Quando nosso cérebro recebe dados e números, o hemisfério esquerdo é ativado, pois é ele que se encarrega de organizar e analisar as informações. Por outro lado, o hemisfério direito entra em ação para entender as metáforas, os sonhos ou criar associações de ideias. No entanto, o lado direito é negligenciado por colégios e escolas. E é ele que torna o ser humano mais completo, inovador e intuitivo. Quando lemos fábulas e histórias, acionamos nosso potencial mental de um modo mais completo. Por isso, transmitir uma ideia por meio de uma história é bastante eficaz. É um meio rápido de chegar ao cérebro e às emoções de quem a escuta.

É comum os grandes líderes contarem histórias sobre a própria vida ou sobre situações que despertam os sentimentos de quem as ouve. Essa prática se tornou uma das ferramentas mais usadas para o desenvolvimento da liderança. A Universidade Harvard estuda há muito tempo o efeito mágico desse costume como forma de difundir valores, gerar confiança e estabelecer cumplicidade emocional. Embora novatos no mundo dos negócios, os bons oradores da Grécia Antiga já sabiam que esse era o melhor método de emocionar uma plateia.

Gabriel García de Oro resgatou essa sabedoria neste livro dedicado às fábulas do mundo empresarial. Com doses de humor, o texto é um excelente material para reflexão sobre a vida corporativa, imprescindível para compartilhar com amigos, colegas e clientes. Gabriel gosta de escrever, o que se percebe desde a primeira linha.

Vale destacar que esta obra não se limita a belas histórias. Vai além. Um comentário e uma conclusão podem ser encontrados ao fim de cada capítulo. Dessa forma, os hemisférios esquerdo e direito de nosso cérebro são ativados com a leitura. De maneira sábia, Gabriel alterna o moderno e o clássico, recorrendo não apenas a autores consagrados do mundo corporativo, mas também a situações da vida privada e a exemplos que busca no cinema.

Era uma vez uma empresa revela uma grande verdade. Se em nossa infância aprendemos grandes lições com os contos, as histórias e as fábulas, por que não podemos fazer o mesmo agora que somos adultos?

PILAR JERICÓ, autora de
Não – Medo na empresa e na vida

Introdução

Um corvo estava pousado no galho de uma árvore sem fazer nada.

Um coelhinho apareceu e perguntou:

– Posso ficar com você e não fazer nada?

O corvo respondeu:

– Claro, sem problemas.

O bichinho se sentou debaixo da árvore e ficou descansando. De repente, uma raposa apareceu e comeu o coelho.

A história aparentemente infantil oferece um importante ensinamento a quem quer sobreviver em uma empresa: para passar o dia sentado sem fazer nada, é preciso estar num lugar bem alto! E para chegar lá você tem que saber escalar e sobreviver na selva corporativa.

Mas como se aprende isso? Como se conquista o sucesso? O que é fundamental saber para se sentir seguro e ser valorizado? Como você pode convencer os outros de que merece chegar ao topo? As fábulas podem responder a essas e muitas outras perguntas, pois *sempre foram um instrumento valioso para transmitir conceitos importantes*, seja para a vida pessoal ou para o trabalho. Elas vão ajudá-lo a refletir sobre as atitudes que o aproximam ou afastam do sucesso.

Neste livro estão reunidas as fábulas mais conhecidas e que são usadas pelas melhores escolas de negócios, com comentários e exemplos do mundo corporativo.

Use-as. Passe-as adiante. Às vezes, o que uma longa explicação não consegue, uma história bem contada se encarrega de fazer.

Carregar lenha

Todas as manhãs Ernesto ia buscar lenha na floresta, acompanhado do filho e de um burrinho branco. Quando tinha madeira suficiente, colocava em cima do burrinho e os três seguiam para casa, atravessando a rua principal da aldeia.

Um dia, o camponês ouviu os vizinhos dizerem:

– Olha lá o Ernesto e o filho dele. Os dois com as mãos nos bolsos e o pobre do burro carregado até o pescoço. Nunca vi tanto descaso e crueldade com os animais...

Ernesto ficou incomodado com o comentário.

No dia seguinte, resolveu que o filho levaria parte da lenha. Assim, pensava ele, o burrinho não ficaria sobrecarregado e os vizinhos com certeza não iriam criticá-lo.

Mas não foi o que aconteceu.

Ao passar pelos vizinhos, ouviu que comentavam com indignação:

– Que cara de pau! Ele vai com as mãos nos bolsos enquanto o filho e o burrinho carregam a lenha. É preciso que alguém faça...

Ernesto ficou ainda mais incomodado com as críticas. Talvez os vizinhos tivessem razão. Ele era um sem-vergonha. Tinha que mudar e acabar com aquela injustiça. Precisava fazer algo para que todos vissem que não era mais o mesmo.

Então, no dia seguinte, Ernesto resolveu que ele e o filho carregariam a lenha destinada ao burrinho, na esperança de que os vizinhos aprovassem seu comportamento.

Mas não foi o que aconteceu.

Ao passar pelos vizinhos, ouviu:

– Meu Deus, como esses dois são estúpidos. Carregam a lenha enquanto o burro fica na maior boa vida, sem um único galho no lombo.

Comentário

Não importa sua profissão ou o cargo que ocupe. Você terá de enfrentar críticas. Pode ter certeza disso.

Por isso é importante saber "discernir", ou seja, "julgar, avaliar e decidir", um dos significados do termo latino *criticus*, que tem origem no grego.

É preciso discernir entre as críticas que podem ajudar e aquelas cujo único propósito é depreciar o que os outros fazem. Uma pesquisa recente revelou que *70% das conversas entre os funcionários das empresas são para fazer crítica a algum colega.*

Você não pode viver em função do que dizem ou deixam de dizer a seu respeito nem agir condicionado por comentários maliciosos. Principalmente quando está crescendo na empresa. Nesses momentos, deve ter consciência de que muitos aliados do passado irão lhe dar as costas. Segundo a suposta citação de *Dom Quixote*: "Eles ladram, amigo Sancho, mas nós seguimos em frente."

O melhor remédio contra as críticas é o discernimento. É necessário distinguir as que podem ser úteis para seu desenvolvimento das que são feitas sem motivo.

Ernesto não é capaz de perceber que está agindo direito. O burro carrega a lenha porque esse é seu trabalho. Ernesto fica confuso por querer agradar os vizinhos: ele quer que falem bem dele. Ao mudar os planos após ouvir as críticas infundadas, ele se mostra ingênuo e acaba fazendo um papel ridículo. Para o camponês, o mais difícil é ver que, no fim das contas, as críticas que recebe são merecidas. Há algo mais tolo do que carregar lenha enquanto o burro volta tranquilamente para casa?

Conclusão

Pautar seu comportamento pelo que os outros dizem pode levá-lo a agir de maneira ridícula.

Sócrates e os três filtros

Um conhecido disse ao mestre que tinha acabado de saber uma coisa sobre um de seus discípulos.

– Espere. Antes gostaria que você passasse pela prova dos três filtros.

– Três filtros?

– Exatamente. O primeiro é o da verdade. Quero que você diga se tem certeza de que o que vai contar é verdade.

– Bem... Acabei de saber e...

– Então você não sabe. Vamos ao segundo filtro: o da bondade. Você vai contar alguma coisa que seja positiva para meu discípulo?

– Acho que não, muito pelo contrário.

– Ora, você quer me contar uma coisa ruim sem saber se é verdade? Tudo bem. Ainda pode passar pelo terceiro filtro: o da utilidade. O que você quer contar vai ser útil para mim?

– Com sinceridade, não.

– Então responda à minha pergunta. Se não é verdade, bom ou útil, você vai me contar por quê? – concluiu Sócrates.

Comentário

Sócrates foi um grande mestre. Um verdadeiro conhecedor da alma humana. Um homem que nos dias de hoje seria um alto executivo. Além de líder, contribuiu com ensinamentos para seu discípulo Platão ser considerado o pensador mais importante de todos os tempos, o qual, por sua vez, foi o mestre de Aristóteles, segundo pensador mais importante de todos os tempos.

Nesse diálogo de origem desconhecida está o remédio para um dos grandes males nas empresas: *o boato, vírus que se espalha como gripe, pelo ar, e que pode gerar desmotivação, baixo rendimento e fraqueza, além de colocar em risco as finanças da empresa.*

No entanto, existem antídotos infalíveis contra essa doença, como a clareza, a transparência e a vontade da equipe de não espalhar histórias que não passem pelos três filtros socráticos.

Contudo, *a empresa deve saber transmitir as informações de forma clara e verdadeira, sejam elas boas ou ruins.* Existe o péssimo hábito de colocar panos quentes nas notícias ruins a fim de minimizar os efeitos negativos. Isso nunca funciona. O resultado é um terreno fértil para o boato. Você pode estar certo de que *não há segredos dentro de uma empresa. No fim, todos acabam sabendo.*

Também *é necessário erradicar as pessoas nocivas e tóxicas.* Elas são as propagadoras do vírus. Maldosas, sempre esperam o pior momento para fazer seus comentários. É importante analisar os motivos delas (se é que existem) e então tomar a decisão mais adequada. Dar atenção a comentários maliciosos não contribuirá em nada para a qualidade do ambiente de trabalho. Se não compreender isso, pode ser que eles acabem se voltando contra você. Sem perceber, você será vítima dos males que ajudou a propagar.

Vamos aplicar os filtros de Sócrates!

Conclusão

Não perca tempo espalhando uma informação quando não tiver certeza de que ela é verdadeira, positiva e útil.

No fundo do poço

Dois passarinhos caíram em um poço de água barrenta. Com as asas molhadas, não conseguiam mais voar.

A notícia correu a floresta e aos poucos os animais foram chegando para ver o que estava acontecendo. Mas eles nada podiam fazer pelos pobres passarinhos.

– Desistam, vocês não têm alternativa! Se pudéssemos ajudar... – diziam em coro os animais. – O poço é muito fundo. É melhor desistir.

Os passarinhos continuavam lutando. Batiam as asas sem parar, esperando um milagre.

– Não há nada a fazer. Não adianta lutar! – insistiam os animais ao ver o esforço desesperado dos amigos.

Um dos passarinhos desistiu e acabou morrendo. O outro olhou para o amigo e depois encarou os animais da floresta, sem parar de bater as asas.

– Faça como ele, desista! É impossível!

Por mais que a bicharada insistisse, o passarinho continuou lutando até encontrar forças que não sabia ter e conseguir sair do poço. Espantados, os animais perguntaram:

– Você não ouviu quando dissemos para desistir?

– Desistir? Não! Sou meio surdo. Pensei que vocês estivessem me incentivando!

Comentário

Você deve estar ciente de que as coisas que fala têm influência sobre as pessoas e podem afetá-las de várias maneiras.

Sigmund Freud dizia que *a palavra é a coisa mais parecida com a mágica*. Podemos fazer alguém rir, chorar ou entrar em desespero sem necessidade de contato físico, sem encostar um único dedo nele. Com as palavras você pode afundar uma pessoa ou ajudá-la a sair do fundo do poço. É necessário ter consciência desse poder e usá-lo com responsabilidade.

As palavras certas. Adequadas. Exatas. Pense antes de falar e nunca diga a primeira coisa que lhe vier à cabeça. Uma frase de incentivo no momento certo pode ajudar um colega a superar desafios, a conseguir bons resultados ou a ter uma atitude mais positiva em relação a seus pares. No entanto, uma palavra errada pode levar a um beco sem saída e contaminar o ambiente de trabalho, gerando resultados negativos tanto para quem a falou quanto para os outros.

Muitas pessoas se desculpam dizendo que são sinceras e falam o que pensam. Pode ser. Mas *nem sempre a sinceridade é uma característica valorizada nas empresas* ou na vida. Em várias ocasiões é o álibi dos mal-educados, que logo se revelam não tão sinceros com seus superiores como o são com os colegas. É preferível uma atitude positiva que aponte o que deve ser feito para produzir o resultado desejado, levando em conta a situação pessoal de quem vai ouvir as palavras. *Quem não leva em conta o interlocutor deve guardar suas opiniões para si mesmo.*

Conclusão

Pense antes de falar e tenha em mente o efeito que suas palavras podem ter na pessoa que as escuta.

A toalha

Um jovem casal estava tomando banho quando bateram à porta.

– Você pode ir abrir? – apressou-se em perguntar o homem.

– Não... É que eu... – tentou protestar a mulher.

– Eu falei primeiro – insistiu ele, quase empurrando a esposa para fora do boxe.

– Está bem, eu vou.

Contrariada, a mulher saiu do chuveiro, se enrolou na toalha e foi abrir a porta. Era o vizinho do sexto andar. Depois de cumprimentá-la, o homem disse:

– Dou mil reais se você abrir a toalha.

A mulher ficou surpresa com uma oferta tão extravagante.

– Vamos, mil reais... Você só precisa abrir a toalha – continuou o vizinho, dessa vez mostrando dez notas de cem novinhas em folha.

– Não sei... É que... Só a toalha? Não precisa de mais nada?

– Mais nada. Abra a toalha e ganhe mil reais.

A mulher aceitou, convencida de que era uma maneira muito fácil de ganhar mil reais. Bem devagarzinho, abriu a toalha e deixou o corpo à mostra, enquanto o vizinho a encarava sem falar nada. Como prometido, o homem entregou o dinheiro. Então se despediu, deu meia-volta e sumiu no corredor.

A mulher, espantada, pegou a toalha e voltou ao banheiro, onde seu companheiro a esperava.

– Quem era, querida? – perguntou, intrigado, o homem.

– Era o vizinho do sexto andar... – respondeu ela, querendo mudar de assunto.

– Ah, que bom... Ele devolveu os mil reais que eu havia emprestado?

Comentário

Esta história de autoria desconhecida é uma das milhares que circulam na internet. Consultores costumam contá-la nos seminários sobre "inteligência empresarial", explicando que, ao agregar a inteligência de todos os funcionários de uma empresa, o resultado é sempre maior que a mera soma do conhecimento individual de cada um deles.

Se aplicada aos dias de hoje, é o exemplo perfeito *da importância de ter todas as informações para não fazer papel de bobo.* Isto é, não se colocar em situação de desvantagem ante concorrentes, fornecedores e sócios.

Nas empresas, existe o *hábito prejudicial de não transmitir todas as informações aos colegas.* Às vezes, por falta de atenção. Outras, por medo ou pela falsa crença de que o conhecimento não compartilhado possa colocá-lo em posição privilegiada diante das outras pessoas. No pior dos cenários, o motivo é a negligência.

De qualquer maneira, é fundamental ter e partilhar conhecimentos relevantes para as atividades diárias. *A pessoa que não compartilha informações é tão prejudicial quanto a que não se esforça para obtê-las.* Se o casal desta história conversasse mais, a mulher não estaria em uma situação tão nítida de desvantagem. Caso o marido tivesse dito a ela que havia emprestado dinheiro ao vizinho, a mulher não ficaria nua à toa. É lógico que tirar a roupa por dinheiro não é um exemplo a ser seguido, mas a história serve para ilustrar a importância de se estar bem informado antes de tomar qualquer decisão, por mais vantajosa que pareça.

Conclusão

Ter e compartilhar informações evita que você faça papel de bobo e que se coloque em situações de nítida desvantagem.

O teste das panelas fervendo

Era uma vez um jovem que só reclamava da vida. Não sabia como seguir adiante, estava sempre a ponto de desistir, cansado de lutar. Entre um soluço e outro, era possível ouvir que, mal acabava de resolver um problema, surgia um novo.

Uma bruxa sábia e generosa, que já havia ajudado muita gente, passava por perto. Ao ouvir o rapaz, disse:

– Venha, quero lhe mostrar uma coisa.

A velha levou o jovem até uma cozinha grande. Encheu três panelas com água e as colocou no fogão. A água começou a ferver e a bruxa jogou cenouras na primeira panela. A segunda ficou reservada para alguns ovos e a terceira ganhou um punhado de grãos de café. Em silêncio, ela aguardava ao lado do fogão.

Após 20 minutos, a bruxa apagou o fogo e tirou as cenouras da primeira panela, depositando-as em um prato. Fez o mesmo com os ovos e o café, colocando este último em uma xícara. A velha olhou para o jovem e fez a pergunta:

– O que temos nos dois pratos e na xícara?

– Cenouras, ovos e café – respondeu o rapaz, imaginando que a bruxa havia enlouquecido.

A velha pediu que ele chegasse mais perto e apertasse a cenoura.

– Está mole! – respondeu o jovem.

Depois pediu que ele quebrasse o ovo.

– Está duro! – exclamou, surpreso.

Finalmente chegou a vez da xícara de café.

– Está uma delícia! – disse, desfrutando o sabor e o aroma dos grãos. – Mas o que significa tudo isso? O que tem a ver com meus problemas?

A bruxa olhou para ele, esboçou um sorriso e respondeu:

– As cenouras, os ovos e o café passaram pela mesma adversidade: a água fervendo. Uma situação comum a todos, porém cada um reagiu de maneira diferente. A cenoura, orgulhosa, chegou forte, dura. Mas a água fervendo logo a deixou mole e ela ficou macia, pastosa. O ovo era frágil, mas a água fervendo endureceu seu interior. E o café, extraordinário como sempre, transformou a água. Escolha quem você quer ser. É nas adversidades que podemos mudar as coisas e construir nosso caráter.

Comentário

Se há uma única certeza na vida, é que você vai *enfrentar adversidades*. E não será diferente no trabalho. De pequenos a grandes problemas, passando pelas crises profundas, você será colocado à prova. É bom ficar atento, pois seu futuro profissional irá depender de sua postura diante dos contratempos.

Em chinês, "crise" tem dois significados distintos: quer dizer "perigo" e também "oportunidade". A respeito desta última acepção, Demétrio de Falero, filósofo e político ateniense que teve a honra de ser nomeado por Ptolomeu I o primeiro bibliotecário da Grande Biblioteca de Alexandria, afirmou que *não há homem mais infeliz do que aquele nunca passou por adversidades.*

Quem nunca enfrentou obstáculos não terá a chance de dar um salto de qualidade e ocupar uma posição de liderança em sua empresa. Não conseguirá demonstrar resultados.

Não esqueça que os medíocres caem nos momentos de crise. Cometem erros porque ficam moles como a cenoura. Ou, como o ovo, tornam-se duros e escorregadios por trás de uma casca quebradiça. Não foi à toa que Nicolau Maquiavel, grande conhecedor da alma humana, disse que *os homens mostram-se soberbos e insolentes na prosperidade, e desprezíveis e humildes na adversidade.* Todavia, aqueles que são como o café aproveitam a situação e transformam a água fervendo em algo delicioso, com um novo aroma e sabor, que não apenas irá trabalhar em seu benefício, como agradará a todos. A propósito, há algo mais valorizado em uma empresa do que o cafezinho?

Conclusão

Aproveite as adversidades para mostrar que você é capaz de transformar as coisas e se posicionar melhor na empresa.

As rosquinhas

Era uma vez um homem que morava às margens de uma rodovia, onde vendia rosquinhas deliciosas. O negócio ia de vento em popa. A situação estava tão boa que ele decidiu investir em publicidade. Todo mundo comprava seu produto, as vendas melhoravam diariamente e ele investia cada vez mais.

No verão, seu filho foi visitá-lo nas férias do MBA. Ao ver a grande aposta do pai no negócio de rosquinhas, o rapaz perguntou:

– Pai, você não ouve rádio nem lê jornal? Estamos passando por uma grande crise. Você vai acabar indo à falência!

O homem pensou: "Meu filho tem estudo, é bem informado, sabe o que está falando."

Assim, ele comprou menos ingredientes e diminuiu a produção de rosquinhas. Reduziu também as despesas e cortou o investimento em publicidade. As vendas foram piorando a cada dia e em pouco tempo o negócio passou a dar prejuízo. O homem ligou para o filho na universidade:

– Você tinha razão, filho. Estamos mergulhados em uma grande crise.

Comentário

Este conto dos dias de hoje mostra com sutileza que *tanto o sucesso quanto o fracasso são reflexos da nossa atitude.* Algumas vezes, não passam de uma escolha pessoal. *Quem se deixa levar pelo fracasso será fracassado.* É o que Kant chamava de "ideal autocumprido". Se você pensa que vai ser demitido, suas atitudes irão ao encontro desse desejo negativo e você vai acabar no olho da rua. Na verdade, é você quem terá pedido demissão.

Por outro lado, as coisas serão melhores se você estiver programado para o sucesso. Mas em diversas ocasiões somos levados pelo que o genial jogador de futebol Johan Cruyff chamava de "o entorno" e entramos nessa *sintonia negativa capaz de levar os melhores negócios à falência.*

"Crise" é uma palavra que assusta e paralisa. *O medo, o principal inimigo do sucesso,* leva qualquer um a agir de maneira tímida e covarde. Vale lembrar uma frase inteligente e que evita muitos problemas: *a desgraça de uns é a sorte de outros.* Sempre. Em momentos de crise ou de bonança. Quando as coisas vão mal, você deve procurar as oportunidades que a crise oferece. O homem que vendia rosquinhas se deixou levar pelo filho instruído. Isso foi sua ruína. Ele acreditou nas palavras fatalistas: "Estamos em crise." Mark Twain já dizia que *um homem com uma ideia nova (ou boa) é considerado louco até a ideia ter sucesso.*

Conclusão

O medo é o primeiro degrau rumo ao fracasso.

O rei das árvores

Um dia as árvores resolveram escolher um rei. Começaram a procurar um líder. Perguntaram à oliveira:

– Quer ser nosso rei?

A oliveira respondeu:

– O quê? Deixar de produzir o tão apreciado azeite para ser líder das árvores? Não, obrigada.

Elas então continuaram a busca. Ao ver a figueira, perguntaram:

– Você quer ser nosso líder?

A figueira não teve dúvida:

– Renunciar à doçura do meu saboroso fruto para governar as árvores? Não, obrigada.

Elas não desistiram da procura e logo toparam com a videira:

– Você quer reinar sobre nós?

A videira respondeu:

– Onde já se viu? Parar de produzir o vinho, que alegra Deus e os homens, para ser líder de vocês? Não, obrigada.

As árvores, desesperadas, não pensaram duas vezes ao ver o espinheiro:

– Você quer reinar sobre nós?

Vaidoso, o espinheiro respondeu:

– Se há sinceridade no pedido de vocês, aproximem-se e se abriguem sob minha sombra. Se desobedecerem, lançarei um fogo que irá devorar até os cedros do Líbano.

Comentário

Esta é uma das mais belas e criativas fábulas sobre o exercício do poder. Presente no Livro dos Juízes (9, 7-15) e no Sofetim judaico, é leitura indispensável a qualquer pessoa, não importa sua religião. Deixando de lado a questão religiosa (que não é o tema deste livro), *uma das piores coisas em uma empresa é o poder nas mãos erradas.* Mas com frequência chefes inúteis e sem condições de liderar uma equipe assumem o comando. *Ter poder significa ser capaz. Se alguém sem capacidade estiver à frente de uma equipe, o resultado será um exercício de orgulho, soberba e pouca inteligência.* Assim como o espinheiro, o chefe sem competência exigirá que as árvores mais frondosas fiquem sob seu domínio, ameaçando as que não se submeterem.

Muitas vezes, as empresas entregam o poder a pessoas cujo único mérito é o tempo de casa. O funcionário antigo não demonstra mais interesse pela empresa e é provável que o contrário seja verdadeiro. *"Estar há muito tempo na empresa"* ou *"conhecer bem a organização" não podem ser fatores determinantes para se chegar ao poder.* O assunto atualmente está em evidência, *mas pouco tempo é investido na avaliação dos chefes.* Esquecemos que uma empresa com líderes ruins é uma empresa ruim. Ela afasta o talento, que anda lado a lado com a rentabilidade.

Conclusão

Dar poder à pessoa errada tem consequências desastrosas.

A língua

Era uma vez um rei que ficou muito doente.

Ninguém encontrava um remédio que curasse sua majestade. Mas em um dia de chuva chegou ao palácio um médico, que garantiu:

– A única coisa que pode salvar o rei é leite de leoa ordenhada por um humano.

No reino, ninguém queria correr o risco de ordenhar uma leoa. Na verdade, era difícil achar uma única pessoa. Um rapaz muito tranquilo e impulsivo foi o único voluntário.

A expedição foi um sucesso e o jovem precisou de apenas quatro dias para conseguir o leite de leoa. Na volta ao palácio, decidiu passar a noite em uma estalagem. Enquanto dormia, os membros do jovem resolveram conversar.

Os pés disseram:

– O mérito é nosso. Se não tivéssemos levado vocês até a leoa, estaríamos mortos.

As mãos, porém, protestaram:

– Ah, é? E para que serviriam os pés se não tivéssemos ordenhado com tanta suavidade? O mérito é nosso.

Os olhos zombaram dos pés e das mãos:

– Só que nada teria acontecido se não tivéssemos visto a leoa. O mérito é nosso. Fizemos o mais importante.

A língua quis falar e todos gritaram, com raiva, dizendo para ela se calar, pois não tinha feito nada além de ir quietinha dentro da boca.

A língua, antes de ficar em silêncio, se mexeu para dizer:

– Logo veremos de quem é o mérito.

Sem saber da discussão, o jovem foi no dia seguinte até o palácio. Os soldados o levaram até o rei, que perguntou com uma voz muito fraca:

– Rapaz corajoso, você trouxe o leite de leoa que vai me curar?

Antes que o rapaz pudesse perceber o que estava acontecendo, a língua se retorceu dentro da boca:

– Não, majestade, trouxe leite de cadela.

O rei ficou tão furioso que nem parecia estar doente.

– Matem esse traidor!

Todos os membros do rapaz estremeceram. Mãos, pés, olhos, braços tremiam de medo, com exceção da língua, que, tranquila, disse aos seus companheiros:

– Vejam vocês! Eu, que fico guardadinha, talvez não tenha nenhum mérito. Mas posso colocar tudo a perder.

Os membros viram que a língua podia fazer o que bem entendesse, então pediram, suplicaram, imploraram que ela os tirasse daquela terrível situação.

– Por favor, língua. Tire a gente desta enrascada. O mérito será todo seu se a gente sair com vida. Por favor, por favor, por favor...

– Está bem – disse a língua. – Vou fazer o que estão pedindo, mas promessa é dívida.

O rapaz pediu para falar com o rei antes de ser morto. Como era costume naquela época, sua majestade aceitou.

– O que você tem a dizer? – perguntou o soberano, pouco inclinado a mudar de atitude.

– Fui até a floresta e achei a leoa. Ordenhei o bicho e agora sua majestade quer me matar? E tudo o que fiz foi trazer o mais rápido possível o remédio que vai lhe devolver a saúde...

– Mas você disse que era leite de cadela! – gritou o rei.

– Majestade, é possível que minha língua tenha ficado nervosa diante de um rei tão importante. Eu queria dizer que conseguir o leite foi tão difícil como ir à guerra. Desculpe a confusão. Os médicos poderão confirmar que o leite é de leoa, como sua majestade pediu.

Assim foi feito e o rei viu que o rapaz dizia a verdade. A execução foi suspensa e em troca o rei encheu o jovem de riquezas. Os membros do corpo, sem exceção, entenderam que a língua tem poder sobre a vida e sobre a morte.

Comentário

Este é um relato impressionante que pode ser encontrado no Talmude. Um dos destaques é a primorosa frase do rei Salomão: "A língua tem poder sobre a vida e sobre a morte." (Provérbios, 18, 21)

Vale observar que a tradição judaica insiste no uso da palavra, do verbo criador. Em outros textos, somos avisados de que *a língua foi colocada na boca e está protegida por duas fileiras de dentes em virtude do perigo que é fazer mau uso dela.* Perigo para os outros e também para nós mesmos.

Como vimos em relatos anteriores, *o poder das palavras é incalculável.* No entanto, o que é valorizado nos dias de hoje é o número de idiomas que se sabe falar, e não o conteúdo. O importante é saber inglês, mesmo que só o usemos para falar besteira. Não sou contrário ao aprendizado de línguas, mas não podemos deixar de lado a oratória, arte secular e pouco valorizada atualmente. *Um bom orador é capaz de convencer, seduzir, apaixonar.*

Na empresa a maioria das relações é de amor e ódio, uma vez que o ser humano se move entre parâmetros exagerados e opostos.

A palavra apaixona. Seus clientes vão querer trabalhar ao seu lado se forem seduzidos. Seus superiores vão gostar mais de você se conseguir convencê-los de suas ideias e entusiasmá-los. Veremos adiante que é possível formar um orador. É um treinamento. *Ser eloquente e ganhar fluência com as palavras. Estruturar um discurso que envolva e estimule o receptor. Isso é comunicação.*

Conclusão

Não se esqueça do provérbio do rei Salomão: o sucesso e o fracasso estão nas mãos da língua.

A vaca

Um velho mestre resolveu visitar, na companhia de um discípulo, a mais pobre das aldeias da região. Ele dirigiu-se ao casebre mais miserável.

Mestre e discípulo se viram em uma casa de pouco mais de seis metros quadrados onde moravam pai, mãe, quatro filhos e dois avós. Apesar da miséria, a família contava com um único bem, extraordinário diante das circunstâncias: uma vaca muito magra, cujo pouco leite mal dava para alimentar a todos.

O pai, um homem pobre e hospitaleiro, convidou o mestre e o discípulo a passar a noite com eles. No dia seguinte, bem cedo, cercando-se de cuidados para não acordar as pessoas, o mestre disse em voz baixa ao discípulo:

– Está na hora da lição.

O mestre, diante do olhar atônito do jovem, puxou uma adaga e degolou a vaca.

– Que lição posso tirar de uma família que não tem nada? – perguntou o rapaz.

– Vamos voltar para casa – foi a única resposta do mestre.

No ano seguinte, mestre e discípulo voltaram à aldeia para ver o que tinha acontecido com a família. Mas, no lugar do velho casebre, encontraram uma casa grande e luxuosa.

Os dois viram o pai saindo de casa. Bem vestido. Tinha um ar orgulhoso e estava com alguns quilos a mais. O homem, que não suspeitava do mestre como o responsável pela morte da vaca, contou que no dia da partida deles algum invejoso havia degolado o animal.

– A vaca era nosso sustento. As pessoas nos respeitavam porque tínhamos um pouco de leite. Quando vimos a vaca morta soubemos que estávamos em dificuldade e que era preciso reagir. Foi o que fizemos. Limpamos o quintal da casa, conseguimos algumas sementes e plantamos batatas e legumes. Percebemos que a horta produzia mais do que o necessário e começamos a vender. Com o dinheiro, compramos mais sementes e hoje arrematei a casa da frente para plantar mais batatas, hortaliças e...

Enquanto o orgulhoso homem continuava falando, o discípulo se deu conta de que durante todo aquele tempo a vaca não havia sido apenas o único bem daquela família. Na verdade, era também a corrente que mantinha as pessoas presas a uma vida de conformismo e mediocridade.

Comentário

Assim como nas grandes fábulas, o autor deste texto é desconhecido, embora eu tenha usado como referência a versão de Camilo Cruz, consultor na área de desenvolvimento pessoal e liderança.

A história da vaca, com a inteligência dos grandes relatos, demonstra que *todo mundo tem uma desculpa, uma barreira para não alcançar o sucesso. Afinal, é mais fácil aceitar um fracasso relativo do que se arriscar para alcançar um sucesso absoluto.*

Todos nós temos uma vaca que permite nossa sobrevivência mas impede nosso desenvolvimento. Que nos deixa presos a resultados medíocres porém confortáveis. Poucas pessoas abandonam o emprego para se arriscar num empreendimento sem a segurança do salário no fim do mês. Ainda que tenham a certeza de que serão bem-sucedidas, que irão ganhar mais dinheiro, que dispõem de uma boa ideia e de recursos suficientes. Mesmo sabendo que são poucos os que ficam ricos com um salário no fim do mês. Essa é sua vaca. Todos nós temos uma. Inclusive na empresa.

A síndrome de não enfiar os pés pelas mãos se manifesta quando você está diante de uma grande responsabilidade. Como não quer cometer um grande erro, para você tanto faz ter suas realizações reconhecidas ou não. Não enfiar os pés pelas mãos é o suficiente para você não ser despedido e talvez conseguir uma pequena promoção. Contudo, *as pessoas que estão no topo se arriscaram a subir por um caminho nunca antes percorrido.* Elas não têm medo. E a falta de medo as leva para o alto. De cima elas observam os colegas que nunca enfiaram os pés pelas mãos, amarrados ao eterno conformismo.

Se você encontrar sua vaca, mate-a!

Conclusão

O maior inimigo do sucesso é o conformismo.

A árvore

Há muito, muito tempo, existia um rei que tinha orgulho de seu jardim. Certa vez, ele recebeu a visita de um príncipe do reino vizinho, que ao ver o jardim disse:

– Seu jardim é muito bonito. Mas me diga, aquela árvore solitária ali... sim, a que está na margem do pequeno lago... que fruto ela dá?

O rei, espantado com a pergunta e com vergonha da resposta, não teve saída.

– Acho que nenhum – confessou ele.

– Nenhum? Que árvore mais preguiçosa!

Poucos dias depois, o príncipe deixou o castelo para continuar sua viagem. Mas o rei não parava de pensar nos frutos que a árvore não dava. Não aguentando mais, mandou chamar o jardineiro-chefe.

– Não é possível que essa árvore não dê frutos. Faça o que quiser, mas dê um jeito de ela dar frutos! Não quero preguiçosos no meu reino.

Durante vários dias o jardineiro tentou ensinar a árvore a dar laranjas, maçãs, peras... No entanto, por mais que ele se empenhasse, o esforço era em vão. Finalmente, teve de reconhecer diante do rei que a árvore era preguiçosa.

– Está bem, então a derrube! Não a quero mais no meu jardim.

E assim foi feito.

O rei não voltou a pensar nesse acontecimento desagradável até que em uma manhã de muito calor ele foi passear no pequeno lago onde antes ficava a árvore. O calor era tanto que o rei pensou em parar um minuto para descansar. Mas onde? Foi quando se deu conta de que, embora não desse frutos, a árvore dava algo muito importante: sombra.

Comentário

Pensei na fábula da árvore por causa de uma questão difícil e complexa para as empresas: a gestão de equipes. Ao formar um grupo de trabalho, você não deve escolher os melhores. *"Melhor" é um conceito relativo que depende sempre do resultado.* Usando uma metáfora futebolística, *entrar em campo com 11 atacantes extraordinários é tão estúpido quanto depender de 11 goleiros medíocres.* Nenhum dos dois times seria considerado uma boa equipe. Dificilmente um dos jogadores iria ser escolhido o melhor do campeonato.

Uma equipe deve ser mais do que a soma de suas partes. Portanto, é necessário que uns façam os gols, outros deem os passes certos e alguns fiquem responsáveis por marcar o adversário. Os melhores resultados são obtidos quando as partes se completam, quando a carência de um é suprida pela virtude de outro. Não devemos valorizar apenas o talento. É preciso reconhecer também os funcionários que permitem que o talento dos colegas apareça.

Nesta fábula está presente um tema de grande importância: você só deve pedir às pessoas aquilo que elas são capazes de dar. Se uma árvore dá laranjas, devemos exigir dela frutos mais doces. Agora, seria absurdo pedir peras a uma goiabeira. *Se uma árvore dá sombra, temos de aproveitar a sombra.*

Conclusão

Uma equipe eficiente e eficaz precisa de talento, porém não pode abrir mão de pessoas capazes de fazer com que o talento se destaque.

O falcão de Gêngis Khan

Gêngis Khan foi caçar acompanhado de seus generais de confiança e de seu falcão favorito. Sem conseguir muita coisa, os homens resolveram voltar ao acampamento. Fazia muito calor. Todos estavam exaustos e com sede, mas a estepe ardia sob o sol e nem uma gota de água era vista nos riachos.

De repente, um dos generais percebeu ao longe um filete de água correndo entre as pedras. Seria o suficiente para refrescar os lábios. O imperador parabenizou o oficial pela visão apurada e o grupo saiu a galope em direção às pedras.

Gêngis Khan encheu um pequeno cálice e se preparava para beber a água quando o falcão, que havia sumido entre as nuvens, desceu como uma flecha e derrubou o recipiente.

O imperador ficou aborrecido com seu falcão favorito, mas lembrou que a ave também tinha sede. Ele voltou a encher o cálice no fio de água. Só que mais uma vez o animal arrancou-o de suas mãos.

– Oh! – exclamaram os generais diante de tanta ousadia.

Gêngis Khan ficou furioso. Embora fosse seu animal de estimação, não podia tolerar tamanha falta de respeito. Sobretudo diante de seus generais de confiança. O que pensariam se ele não fosse capaz de dominar um falcão? Como seria respeitado? Que imagem estava passando? Com a autoridade que lhe era peculiar, disse:

– Seja bicho ou gente, o próximo que se atrever a derrubar o cálice será atravessado por uma flecha.

Não muito convencido de que a ave tinha entendido a ameaça, o imperador começou a encher o recipiente com um olho no céu e o arco preparado nas mãos. Ao ver que o falcão despencava em sua direção, não teve dúvida e atravessou o bicho com um disparo certeiro. Os generais ficaram em silêncio. Sabiam que a ave significava muito para o líder mongol, que cuspiu no chão ao ver que o fio de água havia secado. Não deu muita importância. Queria beber de qualquer maneira.

Ele escalou as rochas à procura da fonte e, a despeito do calor, ficou gelado com o que viu. Uma serpente boiava na água. Estava morta, mas a boca aberta derramava seu veneno no líquido precioso. Gêngis Khan estava a um gole de ser apenas um nome nos livros de História.

O imperador voltou ao acampamento com o falcão morto nos braços e mandou fazer uma estátua fiel do animal em ouro. Ordenou a seguinte inscrição na asa direita: "Mesmo quando faz algo de que você não gosta e não entende, o amigo continua sendo seu amigo." Na esquerda, mandou gravar: "Qualquer ação provocada pela fúria está condenada ao fracasso."

Comentário

Apesar da péssima e injusta fama com a qual Gêngis Khan entrou para a História, não devemos esquecer que, entre os grandes conquistadores conhecidos pela humanidade, o líder mongol foi o único que nunca abandonou ou traiu um general sequer. Alexandre, Napoleão e Júlio César não podem dizer o mesmo.

Além disso, Temujin, seu verdadeiro nome, deu a seu povo uma constituição, um alfabeto, uma escrita e um império. Foi inovador nas artes da guerra e um grande governante nos tempos de paz. Gêngis Khan não só esteve à frente do império mais duradouro que já existiu, como soube liderar, unir e gerenciar. Esta fábula, retirada de *A história secreta dos mongóis*, único livro a abordar a expansão do império sob a perspectiva mongol, transmite dois ensinamentos que podem ser aplicados a qualquer situação. É difícil encontrar uma pessoa que não tenha seu dia de fúria. Quando somos ofendidos e desrespeitados, nossa vontade é mandar tudo às favas. A melhor solução, porém, é manter calma. Pensar antes de agir, para não matar o falcão sem que ele mereça.

Aristóteles dizia que *se aborrecer é muito fácil, qualquer um consegue. Entretanto, aborrecer-se com a pessoa certa, na medida exata e com a energia necessária é coisa para sábios*. O mesmo se aplica ao ambiente de trabalho. Não podemos ter os nervos à flor da pele, sempre "armando confusão". É péssimo para nossa imagem. Existe a arte de "armar confusão" no momento certo. Mas vamos ficar com as palavras de nossos antepassados: *a raiva não nos ajuda a pensar*.

Conclusão

A melhor conclusão pode ser encontrada nas frases que o líder mongol mandou gravar nas asas do falcão. Uma se aplica ao mundo corporativo e a outra diz respeito a questões existenciais. É bom relembrar as duas:

Mesmo quando faz algo de que você não gosta e não entende, o amigo continua sendo seu amigo.

Qualquer ação provocada pela fúria está condenada ao fracasso.

O remador

Uma vez foi realizada uma competição de remo entre duas grandes empresas. Uma equipe era formada por espanhóis e a outra, por japoneses.

Os japoneses não deram chance e cruzaram a linha de chegada uma hora antes dos espanhóis. Os líderes da equipe derrotada se reuniram em caráter de urgência para analisar as causas de tamanha derrota e chegaram à seguinte conclusão, enviada por e-mail a todos os funcionários:

"Na equipe japonesa havia 1 chefe de equipe e 10 remadores, enquanto a espanhola contava com 1 remador e 10 chefes de equipe. Medidas cabíveis serão tomadas no próximo ano."

No ano seguinte, o resultado foi ainda pior para a equipe espanhola, pois ela chegou uma hora e meia depois dos japoneses. Mais uma vez a diretoria se reuniu para estudar o caso e viu que a equipe oriental era formada por 1 chefe de equipe e 10 remadores. Por outro lado, os espanhóis, que haviam adotado medidas mais eficazes após os resultados do ano anterior, contavam com 1 chefe de serviço, 3 assessores de gerência, 8 chefes de seção e 1 remador. A diretoria chegou à seguinte conclusão: o remador era um grande incompetente.

No ano seguinte, os resultados foram ainda mais prejudiciais para a equipe espanhola, que chegou quatro horas após a japonesa. A diretoria, depois das análises pertinentes, divulgou o seguinte relatório:

"Mais uma vez os japoneses optaram por uma tripulação formada por 1 chefe de equipe e 10 remadores. Nós, depois de contratar uma consultoria e pedir ajuda aos departamentos de gestão e TI, preferimos uma formação inovadora: 1 chefe de serviço, 3 chefes de seção com bônus por produtividade, 2 auditores e 4 seguranças juramentados com instruções explícitas para vigiar o remador, que havia sido repreendido e castigado com a suspensão de todos os bônus e incentivos pelo fracasso do ano anterior. Assim, fica estabelecido que o remador seja desligado da empresa e substituído por um profissional terceirizado no próximo ano. Os motivos do afastamento são claros e fundamentados: a partir da metade da disputa observou-se a negligência do supramencionado remador. Negligência que beirou a preguiça, pois a embarcação espanhola só conseguiu cruzar a reta final quatro horas após os japoneses."

Comentário

Esta crítica fabulosa se espalha como um rastro de pólvora aceso pelos círculos de gestão e organização empresarial. Devo confessar que, como em outros casos, não tive sucesso em minha tentativa de identificar o autor deste relato, que apresenta muitas e variadas versões.

A verdade é que estas linhas apresentam uma reflexão coerente e bem-humorada sobre a competência e as expectativas em relação a ela. Estou convencido de que você já se sentiu como o pobre remador, o único culpado pela derrota da equipe espanhola. O que a diretoria esquece é que a empresa deve buscar a qualidade, não os culpados pelos fracassos. Temos a sensação de que a estrutura do grupo perdedor da história se baseia na tentativa de não assumir responsabilidades e de fugir dos eventuais fracassos.

Não é à toa que, conforme as *estatísticas mostram, mais de 80% dos problemas das empresas não são culpa dos empregados, e sim dos gerentes*, incapazes de criar uma boa estrutura empresarial que possa sustentar os níveis de qualidade e controle de excelência necessários para o sucesso.

É obrigatório mencionar aquele que ainda é considerado um dos grandes gurus do controle de qualidade no ambiente empresarial, o japonês Kaoru Ishikawa. Embora o trabalho do consultor seja orientado para temas de produção, aplica-se também a sistemas de organização.

Ishikawa foi o criador do conceito "círculos de qualidade", pelo qual devemos *tornar disponíveis os meios necessários para*:

A empresa se desenvolver e melhorar.

Os funcionários se sentirem satisfeitos e cultivarem boas relações pessoais dentro da empresa.

Descobrir as capacidades e os potenciais de cada funcionário.

Conclusão

Para ter sucesso no mercado é imprescindível elaborar um organograma em que as tarefas sejam distribuídas segundo as necessidades da empresa e as capacidades dos funcionários.

A oração da serenidade

Concedei-nos, Senhor,
a serenidade necessária para aceitar
as coisas que não podemos modificar,
a coragem para modificar
aquelas que podemos
e a sabedoria para
distinguir umas das outras.

Comentário

Antifascista, antistalinista, socialista na juventude e responsável pela consolidação do liberalismo político, Reinhold Niebuhr é um desses sujeitos capazes de escrever em sete linhas o que a maioria de nós não conseguiria dizer em sete livros inteiros.

Esse pastor protestante, teólogo e cientista político, um dos criadores do realismo político norte-americano, é autor dessa oração, apesar da lenda que a envolve. Na verdade, Niebuhr chegou a negar a autoria do texto, talvez por humildade ou discrição. O que se sabe é que os Alcoólicos Anônimos (AA) o adotam desde sua fundação.

Mas a influência de Niebuhr não se limita apenas ao AA. Sua popularidade só aumenta com o passar do tempo, levando-se em conta que a primeira vez que ele elevou sua oração aos céus da História foi nos anos 1930. Ou seja, há muito tempo.

Devo confessar que, se em alguma das histórias e fábulas deste livro não há necessidade de comentários e conclusões, isso acontece exatamente aqui. Estas linhas são ao mesmo tempo conclusão e comentário. Bendito seja aquele a quem se conceda o que se pede na oração da serenidade, pois *não precisará de mais nada para triunfar em tudo aquilo que se proponha.*

O martelo

Um homem quer pendurar um quadro na parede. Ele tem o prego, porém lhe falta o martelo. Sabe que o vizinho tem um. Assim, resolve pedir a ferramenta emprestada. Mas é tomado por uma dúvida:

"E se ele não quiser me emprestar? Ontem ele me cumprimentou de maneira superficial. Talvez estivesse com pressa. Ou talvez a pressa não passe de um pretexto e ele tenha algo contra mim. O que pode ser? Eu nunca lhe fiz nada! Devem ter metido alguma coisa na cabeça dele. Se alguém me pedisse uma ferramenta emprestada, *eu* emprestaria sem o menor problema. Por que ele não vai fazer o mesmo? Como uma pessoa pode se negar a fazer um favor tão simples a outra? Sujeitos como esse tornam a vida dos outros mais infeliz. Se duvidar, ainda acha que dependo dele só porque tem um martelo. Isso já é demais!"

Furioso, o homem vai procurar o vizinho. Toca a campainha e, assim que a porta se abre, antes que o vizinho tenha tempo de dizer "bom dia", ele grita com raiva:

– Fique com o martelo, seu idiota!

Comentário

Uma das fábulas contemporâneas mais contadas por consultores pertence ao austríaco Paul Watzlawick, autor do clássico "antiajuda" *Sempre pode piorar ou A arte de ser (in)feliz.* Com essa história, o teórico da comunicação e criador da teoria chamada "como-se" demonstra a capacidade do ser humano de inventar inimigos fictícios a partir do mau costume de julgar os outros. Muitas vezes, as desavenças que surgem no ambiente de trabalho entre chefes e subordinados têm origem nas suposições de alguém do que os outros vão pensar e fazer. O resultado é *criar um fantasma a partir dos próprios medos e preconceitos.*

Antes de condenarmos um companheiro é necessário lhe dar a oportunidade de nos "emprestar o martelo". A maioria das pessoas gosta de ajudar se não perceber em você uma ameaça. Quem empresta o martelo se sente útil ao fazer um favor, mas se você pedir com agressividade é possível que ele não o atenda por medo de receber uma martelada sua.

Conclusão

Na empresa e na vida, é preciso julgar as pessoas pelo que elas são e fazem, e não pelo que você acha que pensam e planejam.

As moedas

Contam, e dizem que é verdade, que há muitos anos, em uma aldeia sem muita graça, a única diversão era rir de um estranho personagem chamado Nasrudín. Diziam que não havia na face da Terra uma pessoa tão pouco iluminada e tola como ele. E, no entanto, riam tanto do homem que permitiam que ele sobrevivesse de sua caridade. Viajantes costumavam parar na aldeia para descansar. Os moradores aproveitavam essas ocasiões para enganar os forasteiros, dizendo que havia um homem incapaz de reconhecer, entre duas moedas, a mais valiosa.

A aposta era feita sempre da mesma maneira. Quando um viajante aceitava participar, chamavam Nasrudín e diziam para ele optar entre uma moeda grande e dourada de 10 krops e outra menor e mais discreta, que valia 2 mil krops. Cercado por uma multidão, Nasrudín era obrigado a escolher. A moeda seria dele.

Nasrudín olhava a moeda de 10, depois a de 2 mil e, sem pensar muito, escolhia a de menor valor, levantando-a como a um troféu, sorrindo diante da gargalhada geral e do espanto do forasteiro ao ver que havia perdido a aposta.

Certa vez, um viajante ficou sabendo que Nasrudín sempre optava pela moeda grande e dourada e resolveu ir escondido à casa do homem:

– Você já percebeu que escolhe sempre a moeda menos valiosa?

Nasrudín olhou nos olhos do viajante e, aproveitando que estavam sozinhos, respondeu:

– Claro que sim! Mas no dia em que escolher a moeda de 2 mil krops o jogo acaba e não vou ganhar mais nenhuma. Seria uma burrice, não acha?

Comentário

Esta história, de origem sufi, é um grande sucesso na internet. Eu mesmo já recebi várias versões. Às vezes você aprende as mais importantes lições onde menos espera. Um dos grandes ensinamentos deste texto é que *é possível aprender com qualquer pessoa*, ainda que ela aparente ser uma perfeita idiota. Mas, nas relações profissionais, em que batalhas são sempre travadas, devemos ter em mente que *muitas pessoas fingem ser idiotas e tiram proveito dessa imagem*, utilizando-a como estratégia.

Há vários exemplos que nos convidam a ser cautelosos. Em *A arte da guerra*, de Sun Tzu, somos aconselhados a *não exibir nossas armas aos inimigos*. Quando somos rápidos, devemos parecer demorados. Quando ágeis, fazer com que nos achem preguiçosos. Se formos superiores em número, devemos dar a impressão de que nosso efetivo é insuficiente. Assim iremos aproveitar o fator surpresa e ser mais velozes, ágeis e numerosos do que nossos adversários.

Nasrudín nos ensina que devemos ter a inteligência necessária para calcular o lucro de nossas ações. É importante não ficarmos cegos com os benefícios de curto prazo. Devemos pensar a longo prazo. Nasrudín nunca escolhia a moeda de maior valor porque a menos valiosa lhe trazia mais benefícios. Como ele, não devemos confundir valor com benefício, nem benefício com lucro.

Conclusão

Uma das maiores vantagens que um homem inteligente pode ter é aparentar ser idiota diante dos idiotas que aparentam ser inteligentes.

O leão e o exército

(...)
O leão, o rei das florestas, poderoso,
Quis montar um exército famoso.
Juntou seus animais em um instante.
Começou encomendando ao elefante
Um castelo bem provido, e colocou lá no teto
Lobos raivosos nada discretos.
Encarregou o urso dos assaltos;
Ao macaco, com seus pulos e saltos,
Mandou que distraísse o inimigo.
À raposa, que é sempre um perigo,
Com engenho, desse um aspecto ardiloso ao intento.
Um gritou: "A lebre e o jumento.
Este por ser lento e aquela medrosa,
De estorvo servirão, não para outra coisa."
"De estorvo?", perguntou o rei. "Eu não creio.
A lebre nos servirá como correio,
E o asno, minhas tropas, uma corneta."
Assim ficou a armada perfeita.
Teu retrato é o leão, conde prudente,
E se a tua imitação, conforme vontade,
Examinam os chefes a sua gente,

A todos hão de dar boa utilidade.
Por que não haverão de fazê-lo? Haverá moleza
Em achar na Espanha os que odeiem dureza?

Comentário

Assim como Esopo, que irá aparecer mais adiante, não pode faltar em um livro de fábulas, tampouco o espanhol Félix María Samaniego pode ficar de fora. Os versos do autor, sempre sarcásticos, chegaram aos dias de hoje com a força e a atualidade da época em que foram escritos. "O leão e o exército" nos leva a refletir sobre a divisão de tarefas e as responsabilidades em uma equipe de trabalho. Existe tema mais atual?

Os grandes generais, *os verdadeiros líderes, são os que sabem tirar proveito de todos os indivíduos de sua equipe*. Na maioria das vezes, contamos apenas com o capital humano já à nossa disposição, sem a possibilidade ou os recursos necessários para contratar mais pessoas. Assim, é imprescindível tirar o melhor proveito dele. A única maneira de conseguir isso é por meio da sabedoria e da reflexão. *Devemos ser psicólogos*, ou seja, *conhecer e ter consciência das forças, das fraquezas, das virtudes e dos defeitos das pessoas que vamos comandar*. Saber com quem contamos e o que podemos esperar de cada um. Então poderemos começar a dividir responsabilidades e conseguir que todos somem e se sintam parte do objetivo comum.

O leão da fábula sabe disso, logo não dispensa a lebre nem o asno. Encontra uma função para cada um deles, uma utilidade que será benéfica não somente para seu objetivo, como para os próprios animais. Mas a decisão do leão passa por um conhecimento profundo dos animais que costumam ser desprezados. Conhecer as pessoas que irão ficar sob sua liderança e com as quais você vai se arriscar na batalha é muito importante. *Uma equipe unida é como uma flecha: você pode quebrá-la com facilidade. Contudo, se tentar fazer isso com um feixe inteiro, não quebrará uma única sequer.*

Comentário

Divida as responsabilidades entre a equipe segundo as capacidades de cada um.

O farmacêutico

Um jovem entra em uma farmácia. Altivo e orgulhoso, pergunta ao farmacêutico:

– Bom dia, você tem camisinha? Faz três meses que não saio com ninguém e acho que hoje é meu dia de sorte. Minha namorada me convidou para jantar e acho que ela está louca por mim.

O farmacêutico entrega o preservativo. O rapaz, pensativo, continua:

– É melhor levar mais uma. Pensando bem, a irmã da minha namorada é maravilhosa. Outro dia ela me olhou como se quisesse me devorar. Sim, vou levar mais uma. Não vou perder a oportunidade de ficar com as duas.

O farmacêutico lhe dá outro preservativo. O jovem, com os olhos fixos num ponto da parede, não para de falar:

– Olha, não quero tomar seu tempo, mas vou levar outra. A mãe da minha namorada é linda demais. Sério, e ela encosta em mim de uma maneira que... Meu Deus do céu! Nunca saí com uma mulher mais velha e não vou perder essa por nada!

Chega a hora do jantar e o rapaz se senta entre a namorada e a irmã. À sua frente, a mãe das garotas sorri, à espera do marido, que não demora a entrar na sala. O jovem, ao ver o homem mais velho, abaixa a cabeça e começa a rezar. Passa-se um minuto.

Dois. Três. Cinco. O rapaz não ergue a cabeça nem dá sinal de que irá fazê-lo. Continua concentrado nas orações. Todos acham seu comportamento muito estranho. A namorada então sussurra no seu ouvido:

– Querido, não sabia que você era tão religioso.

Nem eu que seu pai era farmacêutico.

Comentário

Às vezes, as lições mais interessantes e úteis aparecem em forma de piada. Histórias divertidas e exageradas que, se analisadas com profundidade, não têm nada de exagero.

Esta "piada" mostra a importância de sermos cautelosos com nossas palavras. *É muito importante não comentar nossos planos ou intenções com qualquer um*, às vezes nem com pessoas de nossa confiança. Como um provérbio chinês aconselha, o melhor é nem pensar naquilo que não queremos que as pessoas saibam.

O vazamento de informação pode precipitar os fatos, colocando a perder nossa vantagem estratégica *e anulando o efeito surpresa*. Informação é poder. Por isso, devemos levar em conta a quem estamos dando esse poder, que em última instância pode ser usado contra nós. O rapaz que vai até a farmácia divide o poder com o primeiro que encontra. E isso acaba frustrando suas intenções. Ele terá de usar os preservativos em outra ocasião.

Isso pode acontecer dentro e fora da empresa.

É comum, normal e saudável ter amigos e ex-colegas de trabalho com os quais mantemos contato. Pessoas com as quais saímos para almoçar e lembrar os velhos tempos, assim como para contar os altos e baixos de nossas vidas profissionais. É algo positivo. Mas temos de manter certos assuntos em segredo. *Uma informação importante pode se espalhar rapidamente e chegar aos ouvidos de pessoas que não nos interessam*, como foi o caso do farmacêutico. No trabalho, devemos aplicar a máxima bíblica: "A mão direita não deve saber o que faz a mão esquerda." Porque, no fim das contas, a empresa é o palco da luta pelo poder, espaço onde interagem vontades, aspirações e ambições. Portanto, é melhor comprar os preservativos e guardá-los no bolso, sem dar muitas explicações. Como disse Marco Túlio Cícero, *é melhor uma prudência silenciosa do que uma eloquência desnecessária.*

Conclusão

Você não deve comentar com qualquer um seus planos estratégicos, nem os da empresa em que trabalha. Isso pode levá-lo a ficar em desvantagem e arruinar seus planos.

O problema

Um grande mestre zen, vendo que a hora de sua morte se aproximava, quis escolher para substituí-lo o mais apto entre todos os alunos. Assim, reuniu todos os discípulos.

– Vou apresentar um grande problema. Aquele que conseguir resolvê-lo irá me substituir – disse ele.

Colocou no chão um belo vaso de porcelana com uma linda rosa.

– Aqui está o problema. Podem resolver – concluiu.

Espantados, os discípulos contemplaram o vaso, a beleza da flor e o desenho que as pétalas faziam no ar. Então qual era o problema? Algo tão belo e delicado não podia ser um problema. Mas se o mestre havia dito...

Paralisados, ficaram horas contemplando o vaso e não pararam de contemplá-lo até que um discípulo, o mais jovem e novato, ficou de pé e virou o vaso com um tapa. Os homens levaram um susto e não faltou quem recriminasse sua atitude. No entanto, o mestre disse:

– Você vai ser meu substituto.

No momento em que acabou de pronunciar as palavras, um grande murmúrio de protesto foi ouvido na sala. Mas logo o mestre zen calou a boca de todos:

– Minhas instruções foram claras e precisas. Eu disse a todos que havia um problema. E um problema é um problema. Não importa que seja belo ou fascinante. Todos os problemas têm algo em comum: precisam ser resolvidos. E só existe uma forma para isso: enfrentá-los. Não podemos ter piedade nem nos deixar seduzir pelo lado fascinante de um obstáculo. Agora não há mais vaso, logo não há mais problema. Este discípulo aqui o resolveu.

Comentário

Este pequeno conto oriental pertence à categoria "pensamento lateral", termo criado pelo escritor maltês Edward De Bono.

Perante desafios, o autor sugere caminhos alternativos. Soluções criativas e novas diante de problemas que aparentemente são impossíveis de ser resolvidos. *Um problema, quando não pode ser resolvido, deixa de ser um problema para se tornar uma fatalidade. Mas se for um problema ele tem solução.*

No entanto, podemos ver muitas pessoas fracassarem ao usar a maneira tradicional de pensar. Elas recorrem sempre a soluções equivocadas. Na maioria das vezes o resultado é ainda pior porque elas se limitam a contemplar os problemas de uma perspectiva inerte, como os alunos do monastério zen da história.

O *processo de contemplação e inércia diante de um problema foi batizado pelos psicólogos de "paralisação por análise"*. Mas *a criatividade é o impulso, a centelha necessária* para agir e resolver o problema. Qualquer um dos discípulos poderia ter enfrentado a situação, mas apenas um jovem tomou a iniciativa. Como era de se esperar, os outros reclamaram. Na realidade, eles sabiam que a atitude do colega não era algo extraordinário. Ele só precisou conjugar os verbos "pensar" e "arriscar-se", que são sinônimos da palavra "criar". Sempre que estamos no meio de um ato criativo, ele nos parece tão simples e fácil que ficamos com raiva de não ter pensado nele antes. *A criatividade é o caminho mais simples para resolver um problema complicado.*

Conclusão

A melhor maneira de resolver um problema é começar a resolvê-lo.

O saleiro de Churchill

Dizem que após uma reunião conduzida por Winston Churchill foi servido um grande banquete, ao qual compareceram personalidades e jornalistas de todo o mundo. Tudo corria muito bem até o chefe do protocolo ver que um dos convidados enfiava disfarçadamente um saleiro de ouro no bolso do paletó. O homem, espantado com a situação atípica, não soube que providência tomar. Não estava preparado para resolver o episódio com o decoro e a discrição necessários. Decidiu falar com o primeiro-ministro britânico.

Churchill pensou por uns segundos, traçou sua estratégia e disse ao chefe do protocolo:

– Não se preocupe, eu resolvo a situação. Continue cuidando dos convidados.

Dito isso, Churchill foi até a mesa mais próxima, pegou o saleiro de ouro e o enfiou no bolso. Caminhou até o convidado de modo dissimulado e, enquanto apontava para o interior do paletó, piscou para ele e sussurrou:

– O chefe do protocolo viu a gente pegar o saleiro e enfiar no bolso. Acho melhor devolver, senão vai ficar chato.

Comentário

Membro do partido conservador britânico, Winston Churchill não apenas é considerado um dos maiores líderes mundiais do século XX, como sua capacidade de usar as palavras em benefício de suas ideias o tornou conhecido como um dos grandes oradores de toda a História.

Não à toa, os livros de citações estão repletos de frases usadas em seus discursos. Com elas poderíamos escrever várias obras sobre o mundo dos negócios. Apresento a seguir cinco pérolas inspiradoras:

1. *Um fanático* é alguém que não pode mudar de opinião e não quer mudar de assunto.
2. *O sucesso* é aprender a ir de fracasso em fracasso sem entrar em desespero.
3. *O político* deve ser capaz de prever o que vai acontecer amanhã, no próximo mês e no ano seguinte, além de saber explicar por que nada do previsto aconteceu.
4. *As atitudes* são mais importantes do que as aptidões.
5. *Um otimista* enxerga uma oportunidade em qualquer calamidade. Um pessimista vê uma calamidade em qualquer oportunidade.

Além do brilhantismo dessas cinco frases, não podemos deixar de lado as lições que Churchill nos dá nesta passagem atribuída a ele. Ela combina perfeitamente com a personalidade do líder britânico.

Diante de um problema, devemos tratar de resolvê-lo e não criar problemas novos. É isso que o primeiro-ministro faz. Primeiro ele pensa e depois traça uma estratégia inteligente e a executa. Nunca perde de vista o objetivo: recuperar o saleiro sem perder a diplomacia. É no bom entendimento do problema que está o sucesso de sua resolução. Churchill é bem-sucedido. Oferece uma saída ao diplomata ladrão sem que este se sinta humilhado. Para isso, o líder britânico se coloca em seu lugar.

Em nossa vida profissional, também vamos encontrar problemas. *O que vai definir nosso sucesso ou fracasso será nossa capacidade de resolvê-los.* Há pessoas que conseguem o que querem e recuperam o saleiro. Mas o preço a ser pago é tão alto que no fim das contas isso pode se voltar contra elas, sendo conhecido como uma má solução, que não resolve o problema básico. Tampouco podemos dar as costas ao problema. Olhar para o outro lado não adianta nada. *Uma não solução não é uma solução*, e muitas vezes a rotina e o desejo de evitar problemas nos levam a pensar dessa maneira.

Churchill poderia ter achado que não valia a pena se arriscar por um saleiro. Todavia, não foi o que fez. Nas palavras do filósofo espanhol Miguel de Unamuno, às vezes *a pior mentira é o silêncio*.

Conclusão

O melhor a fazer diante de um problema é resolvê-lo.

Ícaro e Stanley Kubrick

Os amantes de cinema sabem que quando Stanley Kubrick resolvia fazer alguma coisa, ia até o fim. O diretor não descansava até atingir seu objetivo, por mais impossível que pudesse parecer.

Quando filmava o espetacular *Barry Lyndon*, o cineasta resolveu rodar uma cena usando apenas luz de velas. Contrariado diante do desafio, o diretor de fotografia disse que era impossível. Entretanto, um assistente de direção se lembrou da história mitológica que fascinava Kubrick: o voo de Ícaro. Ao querer se aproximar do Sol, o filho de Dédalo fez com que as asas que o pai havia construído se derretessem.

Kubrick olhou para toda a equipe e disse:

– A fábula de Ícaro mostra apenas que o material usado para confeccionar as asas não foi adequado. Faltou aperfeiçoar a fabricação.

Comentário

Stanley Kubrick acabou rodando a cena à luz de velas (na verdade, precisou de centenas delas). O cineasta pediu ajuda à Nasa, que lhe emprestou um modelo de lentes especiais que a agência espacial estava desenvolvendo. Kubrick atingiu seu objetivo e mostrou que a busca por novas soluções faz algumas pessoas vacilarem diante de um desafio. O diretor de fotografia teria menos trabalho se utilizasse as técnicas convencionais de iluminação, mas Kubrick dava importância aos mínimos detalhes. Nenhum aspecto passava despercebido, por mais insignificante que pudesse parecer.

O exemplo fica muito claro quando o aplicamos à vida empresarial. O episódio envolvendo Kubrick ensina que é fundamental ser teimoso e acreditar nas possibilidades. *"Isso é impossível" nunca levou a um resultado positivo, mas "Vou dar um jeito" é sinônimo de bons frutos.*

Não podemos esquecer a atitude do cineasta diante do mito de Ícaro. Quando um projeto fracassa, costumamos abandoná-lo com mil desculpas e justificativas. Partimos logo para um novo desafio. Isso é um erro. É necessário analisar as falhas e resolvê-las. *O fato de as asas de Ícaro derreterem não significa que o homem não deve se aproximar do Sol nem que os deuses irão castigar os audaciosos.* Ao contrário, a deusa Fortuna estimulava Ícaro a voar.

Ao perseguir grandes objetivos, é normal fazer várias tentativas e lidar com problemas logísticos ou de fabricação do produto/serviço que levará você a voar ao redor do sol.

Conclusão

O fracasso não pode levá-lo a desistir de um projeto. É necessário analisar os erros e solucioná-los.

As lentilhas

Uma grande multinacional fez um processo de seleção para contratar um alto executivo. Depois de vários testes e entrevistas, um dos candidatos foi escolhido.

Para comemorar, e antes de colocar a assinatura no contrato, o presidente convidou para o almoço aquele que quando a sobremesa fosse servida seria seu novo diretor. Os dois pediram o prato especial do chefe, uma receita à base de lentilhas. Quando o garçom trouxe o pedido, o até então candidato levantou o braço e disse:

– Por favor, poderia me trazer um pouquinho de sal?

O presidente olhou para ele e comentou, espantado:

– Mas você ainda nem provou!

– É que eu gosto de comida salgada.

O presidente não disse mais nada. Levantou-se e se despediu:

– Desculpe se fiz você perder tempo, mas acho que nos enganamos. Não vou contratá-lo.

Comentário

Esta é uma das histórias mais comentadas e famosas nos departamentos de RH. Curiosamente, poucos candidatos a vagas em empresas a conhecem. Eu a li pela primeira vez em um artigo de jornal. Ela chamou a minha atenção pela singeleza e sinceridade.

Na cabeça do presidente, um diretor que toma decisões apressadas não pode ser um bom líder. Não estaria apto, portanto, a dirigir um departamento.

É bom perceber que o candidato *apresenta suas preferências e seus preconceitos antes de provar a comida.* Se o chef tivesse ficado sabendo disso, o resultado seria uma boa dor de cabeça. Ninguém gosta de corrigir uma tarefa antes que ela seja avaliada. *Devemos ter uma atitude respeitosa perante o trabalho dos outros,* avaliando se a mudança que desejamos fazer é necessária ou atende apenas a interesses pessoais.

O candidato a diretor não pensou antes de agir, descartando totalmente a possibilidade de as lentilhas já estarem salgadas o suficiente.

Você pode achar que o presidente da multinacional exagerou ao desperdiçar o trabalho do departamento de RH, mas não é bem assim. Às vezes, os testes e as entrevistas podem levar a enganos. Eles não são um espelho fiel da pessoa. Há candidatos especialistas em passar nesses testes. *Na vida real, quando não estamos sob pressão, nossas atitudes acabam sendo mais confiáveis do que os testes,* pois revelam nossos traços e características e fornecem informações mais valiosas para quem souber interpretá-las. Afinal, somos pegos de surpresa. O candidato teve uma boa surpresa naquele almoço.

Conclusão

No ambiente de trabalho, as decisões devem ser livres de preconceitos, preferências e interesses pessoais.

Dois coelhos

Um praticante de artes marciais se aproximou do mestre e fez a seguinte pergunta:

– Querido mestre, apesar de aprender muita coisa com você, eu gostaria de melhorar meus conhecimentos em artes marciais. Por isso, queria treinar com outro mestre para conhecer novos estilos e técnicas. O que acha?

O mestre, que havia escutado as palavras do discípulo com atenção, meditou durante um tempo e respondeu:

– Caçador que persegue dois coelhos acaba sem nenhum.

Comentário

Aqui está uma breve e contundente fábula sobre o espinhoso tema dos objetivos. Embora direcionado à vida pessoal, o caso pode ser aplicado ao dia a dia das empresas.

Antes de tudo, vale lembrar que todos nós, sem exceção, *vivemos em uma sociedade de consumo*. É importante ter consciência disso e levar em conta que tudo é consumo. E, como não poderia ser de outra maneira, *tudo é consumido rapidamente*.

Consumimos beleza, experiências, amizades... Tudo em uma velocidade vertiginosa. *Não temos paciência*. Vivemos à procura de novas abordagens, novas teorias, um novo MBA, sem aplicar o conhecimento que possuímos. Assim é difícil ser um especialista e um profundo conhecedor de nosso trabalho. Esquecemos que *não há nada que produza mais felicidade profissional do que ser um especialista em nosso campo.* Conhecer com exatidão aquilo que fazemos. Por isso, seremos remunerados e valorizados na empresa.

Gostamos de caçar coelhos. Isto é, de correr estupidamente a cada dia atrás de um novo coelho, que sempre está distante.

Em vez disso, devemos nos concentrar em uma coisa e ir atrás dela. Quando estivermos envolvidos nessa tarefa, é provável enxergar novas presas que irão parecer mais atraentes, porque *gostamos mais das coisas novas do que das conhecidas.* Essa é mais uma característica da sociedade de consumo.

O discípulo tem o direito de mudar de mestre se achar conveniente, mas antes deve esgotar as possibilidades de seus ensinamentos. Superar o mestre. Uma frase sábia diz que *medíocre é aquele que nunca acaba o que começa.* É verdade. Talvez por isso a mediocridade prolifere em nossa sociedade.

Conclusão

Para triunfar, é necessário definir um objetivo, lutar por ele e aproveitar todas as suas possibilidades antes de trocá-lo por outro.

O lugar das pedras

Um especialista em gestão de tempo surpreendeu o público de sua conferência ao colocar na mesa uma jarra de vidro e várias pedras do tamanho de um punho fechado.

– Quantas pedras cabem na jarra? – perguntou.

Enquanto o público fazia as contas, ele enfiava as pedras no recipiente até ele ficar cheio. Então indagou novamente:

– A jarra está cheia?

Todos responderam que sim.

O homem tirou um vaso cheio de cascalho de baixo da mesa, colocou parte do conteúdo na jarra e agitou-a. As pedras pequenas preencheram os espaços vazios deixados pelas maiores. O especialista insistiu:

– E agora, está cheia?

O público ficou na dúvida.

– Acho que não – arriscou um homem.

Em seguida, o conferencista puxou um saquinho de areia e derramou-o dentro da jarra.

– E agora?

– Não! – respondeu o público.

O palestrante pegou uma garrafa de água e a verteu no recipiente. Depois disso, perguntou:

– O que acabo de demonstrar?

Um homem na plateia gritou:

– Não importa se sua agenda está lotada: sempre há um jeito de encaixar mais um compromisso.

– Não – respondeu o especialista. – A lição é que, se você não começar pelas pedras grandes, depois não vai haver mais espaço para elas. Quais são as pedras grandes na sua vida? Sua família, seus colegas de trabalho, seus amigos, seus sonhos, sua saúde? Não se esqueça de colocá-las primeiro. Para o resto, você acabará encontrando um lugar.

Comentário

O tempo é a coisa mais democrática que o homem criou. Todos nós temos exatamente a mesma quantidade, 24 horas por dia, nem mais nem menos. O problema está em como preenchê-lo com coisas valiosas. Não podemos misturar o essencial com o supérfluo. E cada pessoa tem suas prioridades.

Faça a você mesmo a pergunta: Quais pedras coloco em minha jarra? Pense bem na resposta e leve em consideração o provérbio chinês: "Cuidado com o que você deseja, pois pode se transformar em realidade."

Certa vez alguém me disse que *ser milionário é algo muito simples*: você precisa apenas se levantar todos os dias querendo ser milionário. Basta isso. O problema é que *quase ninguém quer de fato ser milionário*. E os que querem se perdem nos detalhes.

Você precisa decidir quais são suas pedras e não perder seu objetivo de vista. *Se você quer subir na empresa e ter sucesso, basta desejar isso todos os dias.* Ao se levantar de manhã, deve agir para alcançar esse objetivo. Talvez enriquecer não seja sua meta. Não tem problema! É bem provável que você queira passar mais tempo com a família, com os amigos. Quem sabe mudar de emprego ou dar a volta ao mundo em um veleiro? Ótimo! Ninguém pode impedi-lo. O problema é que, em várias ocasiões, não pensamos em como preencher essa grande jarra que é o tempo, a vida. Encontramos as pedras pelo caminho e as colocamos direto na jarra, sem parar para refletir se elas são importantes ou não. Dessa maneira, não aproveitamos a extraordinária capacidade da jarra.

Conclusão

Pense no que de fato é importante para você e comece a agir.

A águia e a flecha

Uma águia estava pousada no alto da montanha à espera das lebres quando um caçador a avistou e disparou uma flecha certeira, que atravessou seu coração. Antes de morrer, o animal percebeu que a flecha era feita com suas próprias plumas e exclamou:

– Como é triste terminar meus dias por causa de minhas plumas!

Comentário

Um livro de fábulas ficaria incompleto sem o extraordinário Esopo, personalidade quase lendária que Heródoto afirma ter vivido entre 620 e 560 a.C. Platão dizia que Sócrates sabia de cor todas as suas fábulas. Comenta-se também que ele era gago, corcunda e que morreu assassinado após ser injustamente acusado de roubo em Delfos. Alguns historiadores chegam a duvidar de sua existência. De qualquer maneira, as fábulas de Esopo passaram com louvor pela prova do tempo e continuam a ser (como eram para Sócrates) fonte inesgotável de ensinamentos.

Na história da águia e da flecha, o escritor grego reflete sobre a ascensão e a queda, tema importante na vida empresarial. Não devemos esquecer que *as armas que permitem subir são as mesmas que podem fazer você cair*.

Imagine uma pessoa inteligente, destemida e intuitiva que já conquista um cargo de direção tão logo sai da faculdade. Se quiser continuar a progredir, ela terá de buscar armas novas, pois aquelas que a fizeram subir não lhe servem mais. Agora ela vai enfrentar adversários que não veem com bons olhos sua audácia e intuição. Precisará ser mais prudente, conhecer o verbo "ponderar", *ter cuidado para suas virtudes não se transformarem em defeitos*. Se não agir dessa forma, sua carreira irá estacionar e ela cairá em desespero ao perceber que não consegue atingir seus objetivos. A ousadia passará a ser vista como impertinência e a intuição, como temeridade. *Novos objetivos, novas estratégias*. Se não agir assim, você corre o risco de ver uma flecha feita com suas próprias plumas atravessar seu coração.

Conclusão

Faça com que suas armas não se voltem contra você.

A denúncia

Depois que Krushev denunciou os abusos de Stalin e assumiu o governo da União Soviética, um membro do Congresso perguntou em voz alta durante um de seus pronunciamentos:

– Camarada Krushev, onde você estava quando todos os inocentes eram sacrificados?

O líder soviético fez uma pausa em seu discurso e respondeu:

– O homem que acabou de falar poderia fazer a gentileza de ficar de pé?

A tensão tomou conta da sala. O silêncio era absoluto.

Krushev concluiu:

– Quem quer que seja, já tem a resposta. Eu estava exatamente na mesma posição em que você está agora.

Comentário

Durante o período stalinista a extinta União Soviética foi um cenário de terror onde a paranoia atingiu níveis inéditos de loucura e insensatez. Um bom exemplo disso é o famoso episódio em que o ditador terminou um discurso e o público o aplaudiu por mais de três horas, com medo de ser deportado para a Sibéria, iniciativa que Stalin viu com muito gosto.

Krushev se arriscou a denunciar a barbárie cometida por ele em um dos períodos mais sombrios da história da humanidade e nem por isso se livrou das críticas dos colegas de partido. Nesta história, que o tempo elevou ao patamar de fábula, o dirigente enfrenta um ataque pessoal à sua honra. No entanto, Krushev age rápido e dá uma resposta criativa e inteligente. Porque *entre a cruz e a espada existe outra saída pela qual você pode escapar quando é hábil o suficiente.*

O episódio de Krushev pode ser usado como exemplo no ambiente de trabalho. O líder soviético dá a palavra ao dissidente político. A intenção não é humilhá-lo ou prendê-lo. O objetivo é demonstrar que, no governo anterior, levantar a voz contra a autoridade política era uma tarefa arriscada (e muito bem retratada em *Arquipélago Gulag*, de Alexander Soljenítsin). Poucos sobreviviam. *Começar uma batalha sabendo que você não pode contar com suas armas é, em termos políticos, um absurdo.* Guardadas as devidas proporções, eventos semelhantes também ocorrem nas empresas. Com frequência, devemos nos contentar em sobreviver à batalha travada hoje para poder continuar lutando amanhã. Para isso, precisamos saber reconhecer quais são as batalhas que podemos deixar para o dia seguinte.

Outra leitura interessante é que *não podemos culpar o próximo pelos defeitos que nós também temos.* Não tem cabimento reclamar de um modo de agir semelhante ao nosso. Por esse motivo, o homem que levanta a voz no Congresso russo faz um papel ridículo. Afinal, ele acusa uma pessoa escondido na multidão.

Conclusão

Você deve esperar o momento certo para fazer suas denúncias e seus comentários. Assim, eles vão ter a repercussão necessária.

Duas perguntas

Havia um rabino que não se cansava de dizer a seus alunos que eles deviam aprender por conta própria. Mas seus discípulos sempre voltavam esperando novas respostas.

Cansado da situação, o velho resolveu colar um cartaz na porta de casa: "Respondo a duas perguntas por cem reais."

Após muito refletir, um discípulo com boas condições financeiras resolveu fazer duas perguntas. Ao pagar a quantia estabelecida, perguntou:

– Cobrar cem reais por duas perguntas não é estranho?

– Sim – respondeu o rabino. – Qual é a segunda?

Comentário

É possível perceber nesta lição rabínica aquilo que é conhecido como *síndrome do estudante inseguro*. Todos nós passamos por uma fase em que, temerosos de tomar qualquer decisão, precisamos da aprovação dos mais velhos, em especial dos professores.

Na realidade, poucas pessoas conseguem eliminar esse cacoete juvenil e carregam sua insegurança e necessidade de aprovação para a vida profissional. Elas perguntam tudo, interrompendo sempre o trabalho dos colegas. Felizmente, a boa educação de quem se senta à sua volta as livra de repreensões e críticas.

A pessoa inteligente não é aquela que dá as melhores respostas, e sim a que faz as perguntas mais inteligentes. Por isso você acaba não sendo valorizado ao fazer perguntas vazias (por exemplo, "Como faço esta tarefa?") e seu crescimento na empresa torna-se quase impossível.

Ninguém quer um superior que duvida de tudo. Assim, se perceber em você esse comportamento nocivo, mude imediatamente. E se detectá-lo ao redor, converse com a pessoa e a estimule a refletir sobre as constantes interrupções provocadas por perguntas cuja resposta ela já sabe.

Conclusão

As perguntas são uma ferramenta de crítica e análise que não deve ser usada para satisfazer suas inseguranças.

Corre, lebre!

A lebre e a tartaruga resolveram apostar uma corrida. A tartaruga disparou na frente, enquanto a lebre, muito confiante, preferiu descansar debaixo de uma árvore. Despreocupada, ela caiu no sono.

Quando a lebre acordou, percebeu que faltavam poucos metros para a tartaruga ganhar a competição. Muito nervosa e apreensiva com seu atraso, ela saiu em disparada e, a poucos centímetros da linha de chegada, ultrapassou a rival e venceu a prova.

Mas o esforço da lebre foi tão grande que ela caiu dura no chão. Comenta-se até hoje na floresta que a pobrezinha precisou de semanas para se recuperar e que nunca mais deixou nada para a última hora.

Comentário

Este texto é uma interessante adaptação da fábula de Esopo que é bastante utilizada por consultores para explicar (e denunciar) um dos grandes males que se manifestam nas empresas: a síndrome do estudante.

Essa síndrome foi apresentada ao mundo da administração por Eliyahu M. Goldratt em *Corrente crítica*. Um dos maiores gurus de negócios de todos os tempos, o físico israelense aborda um fenômeno bastante particular, segundo o qual *a maioria das pessoas só começa a se dedicar a uma tarefa quando a data de sua conclusão está próxima.* De acordo com Goldratt, os primeiros dois terços do tempo disponível são ocupados com a realização de um terço do trabalho. Desse modo, seria preciso um esforço adicional (e bastante rapidez) para concluir os dois terços restantes da atividade. É o que acontece com os alunos na época das provas, com a diferença de que, nesse caso, há dinheiro envolvido.

Quando detectar a síndrome do estudante em sua equipe e nos projetos em que está envolvido, não tenha dúvida: planeje. *O esforço constante e metodicamente planejado não apenas é a base do trabalho benfeito, como evita o sofrimento e a improvisação de última hora.* A questão não é trabalhar mais ou menos, e sim trabalhar melhor, correr apenas o necessário, pois, nas palavras de Oscar Wilde, "cavalheiros não correm, andam depressa".

Conclusão

O trabalho constante evita a correria de última hora, perigosa para a saúde dos funcionários e a realização do projeto.

A espada

Um homem do reino de Chu atravessava um rio quando sua espada caiu na água. Ele imediatamente fez uma marca no lado do barco pelo qual a arma tinha caído.

"Foi aqui que minha espada caiu", disse ele a si mesmo.

Quando o barco chegou ao porto, o homem mergulhou na água para procurar sua espada na direção do ponto exato que havia marcado no casco. Nada. Como era possível? Ele voltou triste para casa, imaginando o motivo de seu método ter fracassado.

Comentário

Este breve e profundo conto zen oferece, como a maioria das histórias orientais, múltiplas leituras. Em sua aparente obviedade, é possível perceber que às vezes agimos de maneira tola e irracional, como ao detectar problemas no ambiente de trabalho.

Em uma empresa, departamento ou equipe, os problemas costumam ser detectados a tempo. No entanto, os responsáveis por diagnosticá-los não agem no mesmo instante. Pelo contrário, preferem que o barco retorne ao porto. *Quando a iniciativa de resolver o problema enfim é tomada, ele não está mais naquele ponto.*

A falta de reação imediata se traduz na perda de vantagem que existia quando o problema foi detectado. Assim como o homem do barco, se você demorar a agir, é possível que não encontre mais o problema, além de correr o risco de ele ter aumentado de tamanho e ser mais difícil de ser resolvido, como uma doença contagiosa. *Em uma empresa, os problemas nunca se resolvem sozinhos.* Ao contrário, eles se tornam gigantescos e se espalham pelos departamentos quando ignorados. Aquilo que poderia ter sido solucionado com uma reprimenda ou uma demissão pontual acaba precisando de medidas drásticas e estruturais, afetando o ânimo dos funcionários e das figuras de autoridade que agiram com irresponsabilidade.

Conclusão

Diante de problemas, não espere: aja imediatamente.

O filho de Bramante

Quando enfim terminou o projeto da Basílica de São Pedro, Bramante resolveu enviar o filho de sete anos para entregar o documento ao papa Júlio II. O sumo pontífice, encantado por receber a proposta do arquiteto, examinou-a primeiro com máxima atenção, depois com admiração.

Muito satisfeito com o que viu, o papa colocou um pote com moedas de ouro na frente do menino e disse:

– Pegue quantas moedas conseguir.

O garoto pensou por uns segundos e respondeu ao papa:

– Acho que não sou a pessoa mais adequada, santidade. O senhor poderia pegar as moedas e depois entregá-las ao meu pai.

Surpreso, o papa perguntou:

– E por que você não seria a pessoa adequada?

– Porque o senhor tem as mãos maiores do que as minhas.

Comentário

Donato d'Angelo Bramante não foi apenas pioneiro do Primeiro Renascimento em Milão e do Alto Renascimento em Roma, mas também autor de uma das obras mais importantes de todos os tempos. Além disso, como podemos ver nesta historinha antiga, o arquiteto italiano era pai de um menino que hoje ocuparia um alto cargo em uma empresa. O filho de Bramante, de uma forma intuitiva, encara e resolve um dos problemas mais complicados com que os executivos têm de lidar: *delegar as tarefas às pessoas mais preparadas.*

Ninguém duvida de que Júlio II era a pessoa mais indicada para pegar as moedas de ouro. Não acredito que o papa, ao oferecer o pote ao menino, estivesse agindo de má-fé. O líder religioso simplesmente não pensou. *Quando os superiores não pensam, devemos pensar por eles e por nós.*

Não devemos ter medo de demonstrar nossas limitações. Ao contrário do que muitos imaginam, isso não nos enfraquece, mas nos torna mais confiáveis e importantes para a empresa. Ao receber de um superior uma tarefa que você acha não ser capaz de cumprir, o melhor caminho é explicar sua posição a ele. No momento em que você a aceita, torna-se difícil sair da situação de um modo confortável. *É preciso ter jogo de cintura nos momentos certos.* O filho de Bramante não se precipitou diante das moedas de ouro. Isso custaria muito dinheiro ao seu pai e manteria o menino no anonimato.

Conclusão

Você deve ser capaz de escolher a pessoa mais adequada para cada tarefa.

Pirro e a vitória

Às margens do rio Siris, no ano de 281, ocorreu uma batalha que entraria para a História. De um lado, as tropas de Pirro montadas em seus elefantes. Do outro, as legiões romanas lideradas pelo cônsul Valério Levino.

As crônicas dizem que a luta foi tão impressionante quanto catastrófica, com milhares de soldados mortos nos dois exércitos. Ainda que Pirro tenha saído vitorioso, ao parabenizá-lo o rei desabafou, decepcionado:

– Outra vitória dessas e é o fim do nosso exército!

Comentário

Ao mobilizar as cidades gregas do sul da Itália contra Roma, Pirro talvez não tivesse consciência de que certas vitórias são mais dolorosas do que algumas derrotas. O líder também não imaginava que seu nome ficaria associado a conquistas difíceis, de alto custo aos vencedores.

Pirro é um exemplo da importância de *ser prudente e calculista nas batalhas corporativas*. Conflitos fazem parte do mundo profissional: uma vaga e dois candidatos; um projeto e duas equipes, etc. *As empresas são estruturadas para os funcionários alcançarem os cargos mais altos, competindo segundo uma lei natural própria.*

Mas, assim como na natureza, o mais forte nem sempre sai ganhando. *Além de forte, é preciso ser inteligente e saber a hora de lutar.*

Antes de se envolver em qualquer batalha, você deve calcular as consequências que ela pode ter sobre sua equipe e sobre sua própria imagem. O preço a ser pago e o efetivo a ser empregado são fatores determinantes nessa decisão. Ou, seguindo os conselhos de Marco Túlio Cícero, talvez seja melhor esperar que o caminho se abra e as nuvens no horizonte desapareçam. *Mais importante que ganhar é saber como ganhar.*

Às vezes, numa disputa travada entre duas pessoas, sai vitorioso aquele que ficou assistindo de longe enquanto os rivais, depois de se enfrentarem, seguem cada um para o seu lado, exaustos e sem fôlego.

Conclusão

Antes de entrar em uma briga, você deve calcular o preço da vitória. Assim é possível prever se a luta vale a pena.

A raposa e o caranguejo

Querendo manter a vida solitária, porém um pouco diferente daquela a que estava acostumado, um caranguejo saiu do mar e foi viver na praia.

Uma raposa faminta o avistou e, como não encontrava nada melhor para comer, correu em sua direção e o abocanhou. O caranguejo, prestes a ser devorado, gritou:

– Ai, meu Deus, quem mandou uma criatura do mar se comportar como se fosse da terra!

Comentário

Moral da história: "*Antes de entrar em um novo território, tome as devidas precauções. Não deixe a falta de conhecimento derrotar você.*"

Muitos séculos depois de Esopo, Al Ries e Jack Trout, no clássico *As 22 consagradas leis do marketing*, disseram que a extensão de linha, isto é, *levar a marca a um território desconhecido, é uma das principais responsáveis pela morte de empresas e marcas.*

Às vezes é fundamental mudar o uso de um produto, como no caso do leite condensado, por exemplo, que de alimento consumido no pós-guerra se transformou num delicioso ingrediente para doces e sobremesas. A sobrevivência do produto dependia dessa mudança e o resultado pode ser visto até hoje nas prateleiras dos supermercados. Aliás, o mundo dos negócios está repleto de lances "geniais" de marqueteiros, como o fabricante de balas que se aventurou no mundo da moda. É muito difícil, porém, que algo assim funcione. Na maioria das vezes o resultado é desastroso.

A regra também se aplica às pessoas. Um diretor de empresa de alimentação não necessariamente será bem-sucedido em uma empresa de telefonia, porque *ser diretor não é uma profissão em si mesma*. Uma coisa é vender iogurtes; outra é vender pacotes de dados e ligações. Cada setor apresenta seus riscos e oportunidades. Ignorá-los pode ser tão perigoso como a decisão do caranguejo, que trocou o mar pela praia.

Conclusão

Se você quer mudar sua área de atuação, informe-se antes dos riscos e oportunidades.

Cara de camelo

Certa vez o mulá Nasrudín, em uma de suas famosas viagens, resolveu descansar por uns dias em uma pequena aldeia. Mal havia entrado na rua principal e um pastor, com expressão de surpresa, se apressou em dizer:

– Bom dia, forasteiro. Já disseram que você tem cara de camelo?

Nasrudín não disse nada. Limitou-se a suspender o passo, olhar para o céu e pensar que nunca haviam dito algo parecido.

Mas o mulá não deu grande importância ao comentário e continuou seu passeio. Logo depois, Nasrudín passou por uma mulher que ia buscar água no poço. Surpresa, ela não conseguiu deixar de dizer:

– Bom dia, forasteiro. Espero que não se ofenda, mas você tem uma cara de camelo muito engraçada. É provável que alguém tenha dito isso antes, não?

Mais uma vez o mulá não disse nada. Entretanto, começou a correr e não parou até encontrar um espelho.

Comentário

O mulá Nasrudín é o personagem mais conhecido dos relatos da sabedoria sufista. Ao ler suas histórias, às vezes temos a impressão de que ele era um sábio e outras, de que se tratava de um autêntico bufão. O fato, contudo, é que ele sempre nos faz refletir sobre *a autoconfiança, um atributo que pode ser uma faca de dois gumes*. Ao mesmo tempo que nos ajuda, ela pode nos conduzir a becos sem saída. Aristóteles dizia que *entre a ousadia e a covardia residem a virtude e a prudência. O meio-termo se chama equilíbrio.*

Nasrudín, na primeira vez em que ouve o comentário, reflete um pouco, porém não dá grande importância a ele. Mas quando as palavras se repetem, Nasrudín não consegue fingir que nada aconteceu. Ele precisa confirmar a informação que recebeu. E é isso que tem que acontecer no ambiente de trabalho. *Você deve ser capaz de questionar as próprias ideias. Isso não significa abrir mão delas, e sim repassá-las na mente.*

É o que o mulá faz. Ele quer um espelho. Precisa confirmar se os moradores da aldeia têm razão ou se tudo não passa de uma piada de mau gosto contada por aquele povo que talvez nunca tenha visto um camelo.

Conclusão

Se você está seguro de si mesmo e de suas decisões, não vai se incomodar em revisar suas ideias, submetê-las a julgamento e mudá-las se necessário.

As pedras da ponte

Em uma de suas viagens pelo Extremo Oriente, Marco Polo tentava descrever uma ponte ao imperador mongol Kublai Khan, que, no entanto, não conseguia entender o motivo de o veneziano descrever a construção pedra por pedra.

– Mas qual é a pedra que sustenta a ponte? – perguntou o imperador.

– A ponte não é sustentada por nenhuma pedra específica – respondeu o viajante –, e sim pela linha do arco que elas formam.

Kublai Khan ficou em silêncio por alguns minutos, refletindo, e concluiu:

– Então por que você está falando de pedras? É o arco que importa!

– Grande Khan – disse Marco Polo, com humildade –, sem pedra não há arco.

Comentário

Não é de estranhar que um homem como Kublai Khan, fundador e primeiro imperador da dinastia Yuan na China e responsável por transferir a capital do império mongol para Pequim, se interessasse em saber qual das pedras era a importante, a fundamental, a mais parecida com ele. Kublai Khan não conseguia entender que o sucesso de uma ponte, de uma construção ou de qualquer empreendimento está na antiga e igualmente atual frase de Aristóteles: "O resultado de uma adição é diferente da mera soma das partes."

Separadas, as pedras não formam um arco, tampouco uma ponte. Também é difícil imaginar que elas se transformem em algo útil e com valor estratégico e arquitetônico. É fascinante perceber como elas se modificam em conjunto, tornando-se superiores a elas mesmas. Se o processo de transformação das pedras é espetacular, com relação às pessoas ele é ainda mais incrível.

A esse respeito, é importante resgatar o conceito das "propriedades emergentes". Criado no início do século XX pelo epistemologista britânico C. D. Broad, ele diz que *as propriedades emergentes são o resultado das relações entre as partes de um sistema*. Ou seja, as propriedades de uma equipe são diferentes das características individuais de cada um de seus integrantes, que em separado não teriam essas propriedades. Mas, como nesta fábula, você deve ser capaz de enxergar a ponte olhando as pedras e usar as propriedades emergentes delas a seu favor. *Como um alquimista, você precisa misturar características e personalidades para formar uma equipe que se complete e se inter-relacione*. Devemos ter consciência de que nem sempre o departamento de RH enxerga o candidato a uma vaga como alguém a fazer parte de um grupo. Muitas vezes, o funcionário a ser contratado é visto como um elemento isolado que depois irá se encaixar ou não na equipe. Isso é um erro.

E como estamos falando disso, acho que a melhor maneira de concluir este capítulo é citando Peter Senge, autor do livro *A quinta disciplina* e inimigo declarado dos departamentos de RH. Segundo ele o problema começa no nome, uma vez que as pessoas não são recursos: *"Dividir um elefante ao meio não resulta em dois elefantes pequenos, ou vice-versa."*

Conclusão

Formar uma equipe unida e superior à soma de seus talentos individuais irá garantir o sucesso pessoal e profissional.

A flecha e o círculo

Certa vez o rei de um povoado muito distante decidiu caçar acompanhado por todos os súditos. Todavia, o grupo não estava em um dia de sorte e não conseguiu encontrar um único animal. Um pouco desanimado e irritado com a falta de pontaria, sua majestade decidiu retornar ao castelo. No caminho de volta, o rei percebeu que em muitas árvores havia um círculo branco com uma flecha cravada bem no meio. Surpreso e enxergando nisso uma oportunidade, pediu que fossem buscar o homem que tinha uma pontaria tão boa.

Os soldados, preocupados em agradar o rei, deram um jeito de encontrar o responsável pelas flechadas certeiras, que era um menino de 13 anos.

– Parabéns, garoto. É incrível que você consiga acertar as flechas no meio do alvo. Diga uma coisa: quem ensinou você a usar o arco?

O jovem disse que o pai havia lhe ensinado, mas que na verdade ele não tinha boa pontaria nem era muito bom com o arco e flecha.

– Não seja modesto, garoto – disse o rei. – Ninguém sem uma boa pontaria consegue fazer o que você faz.

– Majestade, é que eu primeiro atiro a flecha e depois desenho o círculo.

Comentário

Não importa o caminho que você escolha, sempre haverá atalhos. Basta procurá-los. Eles estão presentes também no caminho para o sucesso. Para encontrá-los é preciso abandonar atitudes e conceitos preestabelecidos que nos acompanham desde pequenos. Um deles é pensar que o sucesso é alcançado exclusivamente com o suor de nosso esforço. Às vezes essa regra pode ser aplicada. Outras, não. *Se você achar que o sucesso é questão de muito esforço, assim será.* Mas *a criatividade e a aptidão de enxergar as situações de outra maneira podem tornar as coisas mais fáceis.*

O menino desta história não é bom com o arco. No entanto, ele consegue com criatividade o mesmo que os outros conseguem com habilidade. O objetivo era cravar a flecha dentro do círculo. E ele teve sucesso. Para isso, usou o pensamento lateral ou divergente, alternativa diante de sua falta de pontaria. O menino poderia ter treinado para aperfeiçoá-la. Mas então ele não seria o herói desta história. A questão é: *devemos pensar de forma diferente para obter resultados diferentes.* Ter a ousadia necessária para pensar e propor soluções diferentes, já que é muito raro um problema ter uma única resposta certa.

Nesse sentido, vale a pena reproduzir uma história que *sir* Ernest Rutherford, prêmio Nobel de Química de 1908, adorava contar. Para isso, abriremos uma exceção no esquema fábula/comentário/conclusão deste livro. Afinal de contas, pensamento lateral é ter a capacidade de entender que as coisas podem mudar sem que nada aconteça. Depende daquilo que nos convenha ou do que nos proponhamos.

Vou apresentar uma versão que encontrei na internet, assinada por Graciela Pérez. É longa, mas sua leitura é uma bela reflexão.

O barômetro

Há algum tempo recebi a ligação de um colega que estava numa situação delicada. Ele seria obrigado a dar zero a um aluno pela resposta que este tinha dado a um problema de física, apesar de afirmar com convicção que ela estava correta. Alunos e professores revolveram pedir a opinião a alguém imparcial, e eu fui escolhido.

Li a pergunta da prova: "Demonstre como é possível determinar a altura de um edifício com a ajuda de um barômetro."

A resposta do aluno foi a seguinte:

"Leve o barômetro ao terraço do edifício e o amarre a uma corda. Desça o aparelho até o chão, faça uma marca na corda e meça sua distância até o topo do prédio. O comprimento da corda é igual ao comprimento do edifício."

O aluno tinha criado um sério problema ao resolver o exercício porque sua resposta era perfeita e correta, porém não provava seus conhecimentos em física.

Sugeri outra oportunidade a ele. Dei-lhe alguns minutos para que me respondesse a mesma pergunta, mas especificando que a resposta devia demonstrar o domínio dele sobre a disciplina em questão.

Passados cinco minutos, o aluno não tinha escrito uma única palavra. Perguntei se queria desistir, mas ele respondeu que havia muitas respostas para o problema. A dificuldade era escolher a melhor entre elas.

Pedi desculpas por interrompê-lo e orientei-o a continuar.

No minuto que lhe restava, ele escreveu o seguinte:

"Pegue um barômetro e, do alto do terraço, atire-o ao chão. Calcule o tempo de queda com um cronômetro e depois aplique a fórmula h = 2gt2. Assim você chegará à altura do edifício."

Neste ponto perguntei ao meu colega se o aluno podia se retirar.

O estudante recebeu a nota mais alta.

Depois de deixar a sala, eu me reencontrei com ele e pedi que me dissesse as outras respostas à pergunta:

– Bem – respondeu –, há muitas. Por exemplo, pegue o barômetro em um dia ensolarado e meça a altura dele e o comprimento de sua sombra. Se medir em seguida o comprimento da sombra do edifício e calcular a proporção entre essas medidas, você também terá a altura do prédio.

– Perfeito – disse eu ao aluno. – E há outra maneira?

– Sim, há outro procedimento bem simples. Você vai até o térreo do edifício e se posiciona no degrau inferior da escada. Depois, vai subindo degrau por degrau, fazendo as marcas correspondentes à altura do barômetro. Não pode se esquecer do número de marcas feitas até chegar ao terraço. Uma vez lá em cima, multiplica-se a altura do barômetro pelo número de marcas: o resultado é a altura do edifício. É um método muito simples.

O aluno emendou mais uma das possibilidades:

– Mas se preferir um procedimento sofisticado, faça o seguinte: amarre o barômetro a uma corda e balance-o como um pêndulo. Se você considerar que quando o aparelho está na altura do terraço a gravidade é zero e se levar em conta o nível de aceleração provocado pela gravidade quando o barômetro fizer uma trajetória circular ao passar pela base do edifício, poderá, a partir da diferença dos valores, calcular a altura do edifício usando uma simples fórmula trigonométrica.

O repertório do aluno parecia não ter fim:

– No mesmo estilo, você pode amarrar o barômetro a uma corda e descê-lo do terraço até a rua. Usando-o como um pêndulo, você pode calcular a altura do prédio medindo seu período de precessão.

Ele então deu sua última resposta:

– Enfim, existem diversas maneiras. Com toda a certeza, a melhor delas é pegar o barômetro e bater com o instrumento na porta do zelador. Quando ele abrir, diga: "Senhor zelador, aqui está um belo barômetro. Se o senhor me disser a altura do edifício, ele será seu."

Neste momento da conversa perguntei ao rapaz se ele não conhecia a resposta convencional do problema: a diferença de pressão marcada por um barômetro em dois lugares diferentes é igual à distância entre esses dois lugares.

Sem dúvida, o aluno disse que a conhecia, mas que durante seus estudos seus professores tinham tentado ensiná-lo a pensar.

O estudante se chamava Niels Bohr, físico dinamarquês, prêmio Nobel de Física de 1922, mais conhecido por ser o primeiro a sugerir o modelo de átomo com prótons, nêutrons e os elétrons que o cercam. Foi um inovador da teoria quântica.

Conclusão

Existem várias respostas certas para um único problema. Você deve usar o pensamento divergente para ter um amplo leque de possibilidades. Assim, vai poder escolher a resposta que melhor se adapte à sua realidade e aos seus objetivos profissionais. Se quiser obter resultados diferentes, deve pensar de forma diferente.

O corcunda

Era uma vez um suposto médico que se vangloriava de curar os corcundas, qualquer que fosse seu grau de deformidade.

– Se um homem é curvo como um arco, uma pinça ou um aro, eu o endireito em um dia – repetia ele.

Essas palavras tão alentadoras chegaram aos ouvidos de um pobre corcunda, ingênuo o bastante para acreditar no charlatão. Sem pensar duas vezes, procurou o homem para se livrar de seu problema.

O remédio do médico foi tão simples como brutal.

Pegou duas tábuas grossas e as colocou no chão. Em seguida, deitou o corcunda sobre uma delas e o cobriu com a outra. O médico ficou de pé sobre aquele estranho sanduíche e pisoteou o paciente com força. Tal como ele havia prometido, o corcunda estava com a coluna reta, porém morto.

Ao ficar sabendo da trágica notícia, o filho do corcunda quis processar o médico, que logo se defendeu:

– Meu trabalho é endireitar a corcunda das pessoas, e foi o que eu fiz! Agora, se o paciente morre, a culpa já não é minha!

Comentário

Este breve relato de Sue Tao, escrito há mais de 500 anos, chama a atenção para os perigos da chamada cirurgia empresarial, um tema importante nos dias de hoje.

Talvez possa parecer exagero, mas poucas empresas podem afirmar que nunca fizeram papel ridículo graças a charlatães que prometeram endireitar as corcundas corporativas e depois lavaram as mãos diante das consequências de suas ações.

Esses consultores, que são contratados para corrigir uma situação, não avisam que o paciente poderá morrer. Por isso, é preciso muito cuidado ao colocar a empresa na mão desses profissionais. Porque assim como o corcunda, a vida da organização pode sucumbir. *É impressionante como as empresas dão poder e liberdade a consultores que não entendem seu funcionamento*. Esses profissionais cortam, pisam, destroçam aqui, quebram acolá e parece não haver problemas. Ninguém se dá conta das sequelas até ser tarde demais. Às vezes, os consultores apresentam soluções que dão origem a problemas antes inexistentes. Como resultado, a empresa precisa contratar mais consultores para novos problemas. Afinal, quando cobramos responsabilidade, é comum ouvirmos a frase: "Isso não é responsabilidade minha."

Ainda que tenha vivido há 500 anos, Sue Tao tem outra fábula que ilustra com perfeição o que acabamos de falar. A conclusão da próxima história irá se encaixar perfeitamente nesta. Leia e confira se tenho razão...

A pomba e a coruja

Um dia a coruja encontrou a pomba.

– Para onde você vai? – perguntou a pomba.

– Vou me mudar para o leste – respondeu a coruja.

– Por quê? – continuou a pomba.

– As pessoas daqui não gostam do meu pio – lamentou a coruja. – Por isso quero ir para o leste. Acho que lá vou viver melhor.

A pomba ficou pensativa e finalmente disse:

– Se puder mudar sua voz, aí, sim, você vai viver melhor. Mas se ela continuar a mesma, as coisas serão iguais mesmo que você vá para o leste. As pessoas de lá também não gostarão do seu pio.

Comentário

Este conto popular chinês nos leva a refletir sobre um assunto temido e desejado: a mudança de emprego. Como muitos já sabiam na década de 1970, a empresa deixou de ser o lugar para toda a vida, e isso é ótimo, pois a vida inteira é muito tempo.

No entanto, se a princípio a mudança é positiva, não devemos fazê-la às pressas. Há fatores a serem evitados no momento de nos decidir por outro trabalho. Devemos ter consciência de que pode acontecer conosco o que aconteceu com a coruja: os sucessos e os fracassos, os aliados e os inimigos... Você encontrará um ambiente parecido na nova empresa. O fator novidade passa com os meses. *Já os problemas e as soluções não mudam, pelo simples fato de que você continua o mesmo.*

A mudança de emprego deve obedecer a uma reflexão profunda e consciente. Devemos nos perguntar onde estamos e se ali é o melhor lugar para alcançar o que desejamos em uma perspectiva de três a cinco anos. Se as empresas precisam de um plano, o mesmo vale para seus funcionários. Nós somos nossa empresa e devemos agir dessa maneira – estabelecer objetivos, fazer uma revisão no começo de cada ano e ver como estamos nos saindo. Trata-se, basicamente, de usar o método PDA: Pensar, Decidir e Agir.

Parece simples, mas não é. Primeiro você precisa *pensar* objetivamente, livre das amarras do dia a dia. Depois, é necessário *decidir* a melhor opção e *agir* no momento certo. Assim você atingirá sua meta e continuará a progredir na empresa.

Outro aspecto importante é que não podemos deixar os cifrões atrapalharem nossos pensamentos, nem quando nos beneficiam nem quando nos prejudicam. *O dinheiro é muito importante, mas os ganhos não se resumem a isso.* Às vezes, por querer ganhar mais, acabamos perdendo muito. O projeto de vida deve estar acima do dinheiro. É necessário ver os ganhos em uma dimensão mais ampla que *inclua vida pessoal, familiar, carreira e, claro, dinheiro*. Desse modo, a empresa que carregamos sempre dentro de nós *será feliz, bem-sucedida, rentável e produtiva.*

Conclusão

Para mudar de emprego, você deve se planejar como uma empresa, deixando de lado os sentimentos pessoais e os percalços do dia a dia.

Contra um tigre

Uma pequena raposa se afastou da mãe e acabou se perdendo. Durante horas o filhote procurou o caminho de volta, porém, quanto mais procurava, mais perdido ficava. Triste e cansada, a raposinha se encostou ao tronco de uma árvore. A tranquilidade durou pouco tempo, pois um tigre se aproximava.

"Droga", pensou o filhote, já se levantando, "se eu não tiver uma ideia logo, esse tigre vai me devorar!"

Foi quando ele viu alguns ossos no chão e começou a roê-los. Com o tigre já perto, gritou:

– Humm, o tigre que acabei de comer estava delicioso!

O animal levou um susto e, morto de medo, deu meia-volta, pensando:

"Maldita raposa! Por pouco também não sou devorado!"

Um macaco, que observava a cena, não teve dúvida e correu atrás do tigre para contar como ele havia sido enganado por uma raposinha. A fera, enraivecida, disse:

– Ela acha que é muito esperta, mas vai pagar caro por isso!

A raposinha xingou o macaco, mas não era hora para ofensas, pois precisava pensar em uma saída, ou a história não iria muito longe.

Finalmente o filhote teve uma ideia. Ficou de costas para o tigre, esperou que ele pudesse ouvi-lo e começou a gritar, irritado:

– Como esse macaco é preguiçoso! Faz uma hora que o mandei me trazer outro tigre e ele ainda não voltou!

Comentário

Quem tem uma boa estratégia consegue se livrar de qualquer apuro ou perigo. Como vimos nas fábulas e histórias deste livro, *um planejamento criativo e ousado permite a mais inesperada e improvável das vitórias*. A raposinha enfrenta o poderoso tigre, que obtém uma informação privilegiada com o macaco traidor (há muitas pessoas desleais no mundo). Ainda assim, o felino não atinge seu objetivo.

Agora, vamos sair da floresta e entrar no ambiente corporativo. *Não é difícil perceber que, assim como a raposa, devemos ser valentes diante do medo e criativos perante as ameaças*. Todos, sem exceção.

Para Gary Hamel, um dos maiores gênios da consultoria empresarial, o ponto fundamental da estratégia é a revolução. *Não é possível enfrentar novos riscos e desafios com velhas ferramentas*. Para inovar é necessário que toda a empresa – do office boy ao presidente – siga a mesma direção. Hamel mostra que, na maioria das corporaçoes, *o planejamento estratégico continua sendo um monopólio da diretoria*, mais preocupada em não falhar do que em tomar as decisões necessárias para colocar em prática a revolução. As empresas que decidem arriscar, porém, são aquelas que conseguem resultados maravilhosos. Mas essas ainda são poucas.

Na página www.arearh.com, Enrique de Mulder, presidente do HayGroup, faz uma excelente análise das teorias de Gary Hamel. Reproduzo abaixo seu resumo sobre a visão estratégica do consultor. Difícil pensar em algo melhor.

Novas vozes: A diretoria não pode mais ter o monopólio da estratégia. Muitas empresas não sobrevivem por incapacidade genética, como peixes fora da água. É preciso incorporar sangue novo, de outros níveis organizacionais ou de fora da empresa.

Novas conversas: A estratégia surge do diálogo, de novas conexões, de uma rede de relações horizontais. Não é possível surgir inovações radicais com o monopólio da palavra (as mesmas pessoas falando as mesmas coisas).

Novas perspectivas: Olhar para o futuro de forma diferente, com outros olhos. Para inovar, a estratégia necessita de novos pontos de vista.

Novas paixões: Não podemos esquecer o lado emocional da estratégia. O compromisso é indispensável. Não me refiro a comprometer os recursos da empresa, mas sim a usar a vontade, a paixão e o entusiasmo de toda a equipe para alcançar as metas propostas.

Experimentação: Previsão não é sinônimo de certeza absoluta. Só iremos saber se um projeto funciona quando o aplicarmos à realidade. Hamel costuma pedir aos executivos que listem de 10 a 20 iniciativas que podem redefinir o curso de suas empresas de maneira radical. Quanto mais experimentação, maiores serão a reflexão e o aprendizado dos funcionários. O trabalho do líder está mais ligado a garantir que a estratégia ganhe vida do que pensar na estratégia como um "objeto".

Se você é capaz de internalizar essa atitude, você e sua empresa terão sucesso.

Conclusão

Estratégia é inovação e inovação é revolução. Entender esse conceito é descobrir o segredo do sucesso.

A catedral

Christopher Wren, arquiteto encarregado da construção da Catedral de Londres, vestiu um disfarce e foi visitar o canteiro de obras da igreja, a fim de ver como os pedreiros trabalhavam.

Wren ficou pensativo ao observar três homens. Um trabalhava muito mal, o outro fazia suas tarefas a contento e o último, no entanto, dedicava-se de um modo superior aos outros dois. O arquiteto aproximou-se do primeiro homem e perguntou:

– Boa tarde, o que você faz?

– Eu? – respondeu o pedreiro. – Trabalho de sol a sol em uma profissão dura e cansativa. Todo dia não vejo a hora de terminar.

Wren chegou perto do segundo pedreiro e fez a mesma pergunta:

– Boa tarde, o que você faz?

– Estou aqui para ganhar dinheiro suficiente para manter minha mulher e meus três filhos.

O arquiteto finalmente se dirigiu ao terceiro trabalhador.

– Boa tarde, o que você faz?

O pedreiro levantou a cabeça e com um olhar altivo respondeu:

– Construo a Catedral de Londres.

Comentário

Antoine de Saint-Exupéry, autor do inesquecível *O pequeno príncipe*, tem uma frase famosa que diz: "Se você quiser construir um barco, não deve começar cortando a madeira e distribuindo as tarefas. Primeiro, é necessário despertar nos homens a paixão pelo mar livre e aberto."

Um *líder deve saber motivar e manter sua equipe motivada.* Uma pessoa motivada, como o pedreiro da Catedral de Londres, trabalha melhor. É mais confiável e produtiva nas tarefas que faz. O motivo é sentir-se parte do projeto. Dos três trabalhadores desta história, o pedreiro com orgulho da construção é o que apresenta os melhores resultados.

Devemos ser capazes de nos envolver e de envolver. Muitas vezes, uma equipe só é lembrada nos momentos problemáticos, como na hora de transmitir uma notícia ruim ou nos momentos em que nada funciona na empresa. Mas, para engajar uma equipe, devemos fazer com que ela se sinta parte da solução e não apenas do problema. Temos que entender que o trabalho de todos serve para construir a catedral. Para nos sentirmos motivados não é necessário termos características especiais nem fazermos grandes gestos. Devemos simplesmente conhecer a pessoa que existe dentro de nós, algo tão básico e sempre esquecido. Quando a pessoa se conhece, conhece a humanidade, já dizia Thomas Hobbes.

Podemos resumir os cinco pontos essenciais para entender a motivação e os fatores que podem ativá-la e desativá-la:

1. *Cada pessoa tem seus problemas e suas metas pessoais*, o que faz com que os aspectos motivadores também sejam pessoais. Devemos conhecer as pessoas individualmente. Desse modo, seremos capazes de acionar as forças da motivação.

2. *Sentir-se importante é a força motivadora essencial* e comum a todas as pessoas. Se você não se sentir parte, ficará à margem. A contribuição de cada um deve se refletir em uma responsabilidade coletiva.

3. *As pessoas motivadas precisam ter os êxitos reconhecidos* e ser ajudadas nos fracassos.

4. *O líder deve transmitir entusiasmo*, combustível essencial para a motivação.

5. *A motivação não é um fator genético*, depende das circunstâncias e do ambiente. A empresa deve construir um ambiente motivador.

Conclusão

Como está demonstrado na etimologia da palavra, a motivação depende dos *motivos* externos, que afetam o caráter e a predisposição. Para que ela surja são necessários autocontrole e força, além de não dar *motivos* aos colegas para a apatia e o desânimo, que nada mais é que a desmotivação.

A balsa

Dizem os sábios que uma vez, em um monastério budista, um mestre contava aos alunos a seguinte história:

– Um homem atravessa um campo florido em plena primavera. De repente, ele encontra um rio e se põe a pensar na melhor maneira de vencer esse obstáculo. Pensa sem ter pressa. Muitas ideias passam pela sua mente.

O velho monge fixava o olhar em um ponto da parede:

– Atravessar a nado? Não, o rio é muito fundo e a correnteza, forte. Ele percebe alguns galhos e folhas secas, e tem a ideia de construir uma balsa. Assim consegue atravessar o rio. A pergunta que tenho a fazer é: o homem carrega a balsa nas costas para cruzar o próximo rio ou a deixa para trás e espera o que vier pela frente?

Comentário

Este conto ilustra bem a sabedoria budista e nos convida a refletir. O que *você* faria? Que argumento usaria para decidir? Talvez algumas pessoas prefiram pensar antes de continuar a leitura. Outras, não. De qualquer maneira, a solução que esta história apresenta é a de usar a balsa, cruzar o rio e abandoná-la.

A balsa teve sua utilidade. Ela nos tirou de um sufoco, que era superar o obstáculo em nosso caminho. Ao atravessarmos o rio, porém, não temos como saber se outros rios nos aguardam. Nem a profundidade que eles podem ter. Muito menos a distância entre as margens. *Os desafios são sempre inéditos.* Não existem dois rios iguais. Além disso, não devemos esquecer que só construímos a balsa graças à nossa inteligência. Quem atravessou o rio não foi a balsa, e sim nossa inteligência. *A inteligência é a única ferramenta que devemos levar ao longo de toda a viagem.*

Carregar a balsa nas costas pode ser prudente, porém é um peso excessivo. Essa medida nos impede de avançar com a rapidez desejada. Ficamos menos ágeis. Sem dúvida, continuar com a balsa é reconfortante. Mas o que fazer se em vez de um rio encontrarmos uma ladeira? E se um animal selvagem decidir nos atacar? O caminho é sempre imprevisível.

Um comportamento comum nas empresas é o funcionário se agarrar aos objetivos alcançados. Ele se torna mais lento, inseguro e conformista. Nessas ocasiões, é preciso lembrar que *conseguimos realizar os objetivos graças às nossas atitudes.* Você deve ser capaz de solucionar os problemas e seguir em frente. *No trabalho, assim como na vida, devemos viver em plenitude.* O momento presente. Isso não significa adotar uma postura imprudente. *Significa não ter medo das dificuldades e dos desafios.* Devemos ser capazes de construir a balsa. No entanto, o mais importante é saber abrir mão dela e seguir nossa viagem.

Conclusão

Cada desafio é uma tarefa inédita, nova. O importante é não perder a capacidade de encontrar as soluções adequadas para cada situação e ambiente.

Movimento e ação

Era uma vez um mestre zen a quem seus alunos sempre pediam que lhes contasse histórias repletas de sabedoria.

Um dia o mestre, cansado dos pedidos, quis dar uma lição em seus aprendizes e disse:

– A sabedoria não está nas palavras, e sim na ação.

Pensativos, os discípulos foram para casa.

No dia seguinte, o mestre viu, surpreso, que todos os alunos haviam se envolvido em um grande número de atividades e deu uma sonora gargalhada.

– Do que está rindo, mestre? – perguntaram os discípulos, suspeitando que estivesse zombando deles.

– O que vocês estão fazendo não é ação, é movimento.

Comentário

Nesta fábula oriental é possível perceber um dos grandes vícios das empresas. Muitos de nós achamos que rapidez e agilidade são sinônimos de trabalhar bastante e com qualidade. Como se cara de desespero e estresse fossem sinal de comprometimento, de que estamos 100% preocupados com o trabalho. Não é bem assim. Na realidade, esse comportamento demonstra que estamos 100% desorganizados e que somos 100% incapazes de enfrentar uma crise com a calma, a tranquilidade e o bom senso necessários.

Por que aceleramos o ritmo diante de um problema? Por que não conseguimos nem pensar se o caminho escolhido é o mais adequado para resolvê-lo? Não, o importante é correr e, se possível, colocar todos os colegas no mesmo ritmo.

Essa atitude é errada e várias vezes percebemos que, depois de um dia inteiro correndo de um lado para outro, precisamos fazer tudo de novo porque a solução encontrada não foi a melhor.

Movimentar-se não é sinônimo de agir. Agir é pensar, analisar e apresentar a solução de maneira eficaz. Rudyard Kipling abre o grandioso poema *Se* com a seguinte frase: "Se és capaz de manter tua calma, quando todo mundo ao redor já a perdeu e te culpa...".

Essas palavras não são apenas uma lição de como crescer e se tornar uma pessoa de verdade, mas também de *como ser um bom administrador de crises, uma pessoa de ação e não de movimento.* Meu pai me dizia que na empresa em que trabalhava era comum os funcionários correrem, e isso era insuportável. *Na pressa do dia dia, alguém deve ser capaz de pisar no freio*, de manter a calma e de atuar com eficácia. Agir dessa maneira trará benefícios para você. Na próxima crise, seus colegas saberão que podem contar com você, pois têm a consciência de que as outras pessoas perderam o controle e conhecem alguém que é sempre dono da situação.

Conclusão

A pressa, além de péssima conselheira, é a pior (e pouco eficiente) forma de resolver uma crise.

Edison e a lâmpada

Thomas Alva Edison ficou pensativo ao ver, mais uma vez, como a fibra animal com que trabalhava em seu novo invento, a lâmpada, não apresentava resultado. Os ajudantes preferiram ficar calados diante do mestre, que parecia um tanto decepcionado, perdido nos próprios pensamentos. Depois de um bom tempo em silêncio, um deles disse:

– Mestre, é normal que esteja desanimado. Fizemos mais de 400 testes e até a pessoa mais otimista ficaria desmotivada diante de tantos fracassos.

Edison virou rapidamente a cabeça na direção do ajudante e foi severo na resposta:

– Fracassos? Não sei do que você está falando, jovem.

– Bem, é que vejo que não avançamos e...

– Você está muito enganado! A cada teste, como eu chamo, ou fracasso, como você prefere, descubro algo importante.

– Mas o quê? – perguntou o ajudante com humildade, vendo que suas palavras haviam ofendido seu mestre.

– Em cada tentativa descobri um motivo pelo qual uma lâmpada não funciona. Agora conheço 400 maneiras de não fazer uma lâmpada.

Comentário

Uns dizem que ele foi o maior inventor de todos os tempos. Outros o acusam de ladrão e mafioso. O motivo de a indústria do cinema estar em Hollywood em vez de Nova York, como em seus primórdios, se deve à influência e à imposição do invento de Thomas Edison. Mas isso é uma outra história, que não iremos abordar aqui.

O certo é que esse americano de Ohio tinha muito talento para os inventos, as patentes e os negócios. Sem sombra de dúvida, era um gênio.

Como costuma acontecer, seu maior sucesso teve um preço alto. Ele não encontrava a fibra adequada para que sua lâmpada se mantivesse acesa por muito tempo. Dizem que chegou a utilizar cabelo humano, mais especificamente o pelo ruivo da barba de um ajudante. Mas sem êxito.

Mas apesar de todas as tentativas, decepções ou, como Edison diria, "maneiras de não fazer uma lâmpada", o inventor insistia porque valia a pena seguir adiante. Ele descobriu então o filamento de bambu carbonizado. Sua lâmpada ficou acesa durante 48 horas. Por fim, havia conseguido o que queria. A patente número 223.898 estava registrada.

Contudo, esse era apenas o início. A primeira vitória é sempre seguida de muito trabalho e esforço.

Agora o brilho de seu talento deveria ser direcionado para os negócios. Edison precisava demonstrar que as lâmpadas elétricas eram mais econômicas do que as similares a gás. Para isso, começou a fabricá-las em suas oficinas, vendendo-as a 40 centavos, ainda que seu custo ultrapassasse um dólar. Mas o inventor sabia que, se a demanda aumentasse, o valor para produzi-las seguiria o caminho oposto. Ele resolveu arriscar. Mais uma vez, o gênio tinha razão. Em pouco tempo a lâmpada era produzida nas oficinas do inventor por 37 centavos. Thomas Alva Edison tinha fundado uma empresa fabulosa.

Conclusão

Você precisa aprender com os erros, além de não cometer o erro de pensar que o sucesso é nunca se equivocar.

O amestrador de macacos

No reino de Sung havia um amestrador de macacos que falava com seus animais. Ele os entendia e vice-versa.

Todos os dias o amestrador separava uma parte da comida de sua família para os macacos.

No entanto, quando começou uma época de seca e escassez, a solução foi reduzir o alimento destinado aos animais.

Ao fazer isso, o homem teve medo de que os bichos ficassem irritados e o atacassem, pois ele sabia que os macacos se tornavam violentos quando contrariados.

Com muito cuidado, então, o amestrador chegou perto da jaula e sussurrou:

– Queridos macacos, como vocês sabem, estamos passando por uma época difícil e por isso fui obrigado a tomar medidas drásticas. Proponho o seguinte: a partir de agora, vocês terão direito a três castanhas pela manhã e quatro à tarde.

Os macacos se levantaram em sinal de protesto. Não estavam dispostos a fazer o acordo. O homem, que conhecia bem a natureza dos animais, ponderou:

– Está bem, está bem. Entendo a reação de vocês. O que acham então de quatro castanhas pela manhã e três à tarde?

Os animais voltaram a se sentar, satisfeitos com o acordo a que haviam chegado com o amestrador.

Comentário

Chuang-Tsé nunca aceitou um cargo público alto e viveu a maior parte de sua existência afastado da "vida mundana", dedicado à meditação e a um rígido voto de pobreza.

Desde que um imperador da dinastia Tang lhe concedeu, em 727 d.C., o título de Verdadeiro Clássico do País das Flores do Sul, seus ensinamentos bem-humorados têm sido transmitidos de uma geração a outra.

Neste texto, Chuang-Tsé nos convida a refletir sobre um tema muito importante: a negociação, um aspecto humano que nos diferencia dos animais. Tudo na vida é negociável, ainda mais na empresa, em que devemos negociar tudo (ou quase tudo): o salário, as férias, o contrato com o fornecedor e até a mesa que ocupamos. O sucesso ou o fracasso de uma negociação dependem de nós, que devemos entender que negociar é dividir. Chegar a um ponto comum sem vencedores nem vencidos. Sem humilhações. *A negociação ideal é aquela de onde ambas as partes saem satisfeitas*, pensando que tiraram o máximo proveito da situação.

O consultor Forrest H. Patton, em seu famoso livro *A força da persuasão*, apresenta os segredos para transformar a negociação em uma ferramenta útil e produtiva. Podemos identificar os seguintes pontos-chave:

1. *Mude de lugar*. Em certas ocasiões, a conversa parece não avançar, o ambiente esfria e o clima fica tenso. Mude de cenário. Use a desculpa de tomar um café e convide a outra parte. Esse simples gesto pode fazer com que o ambiente fique mais leve e o cenário se torne propício à negociação.

2. *Espante-se!* Diante de determinada proposta você pode intencionalmente exagerar sua reação, com frases do tipo:

"Eu não poderia aceitar isso nem se quisesse!", "Deve haver algum erro", "Assim já é demais!".

Em geral, uma reação desse tipo provoca uma súbita diminuição das expectativas da outra parte, que você pode usar a seu favor. É muito provável que ela perceba que a proposta precisava ser revista, sobretudo no início da negociação.

3. *Comece pelos extremos.* Inicie a negociação distante da sua verdadeira posição. Assim você poderá fazer concessões aos poucos, o que produzirá um clima de confiança e troca entre as duas partes. Afinal de contas, se não ceder em nada, a outra parte ficará com a sensação de que você não está disposto a negociar.

4. *O tempo é seu aliado.* Não tenha pressa, nada de desespero. Você deve usar o tempo a seu favor. Não podemos aceitar os acordos pelo simples fato de estarmos cansados ou por vontade de encerrar logo a negociação.

   Além disso, temos que dar tempo à outra parte. Deixar que analise nossa oferta, que a avalie com calma. Isso pode levar o outro lado a eliminar as barreiras às nossas ofertas.

5. *Use o silêncio.* Diante de uma proposta ou rejeição, não tenha pressa em responder. Aumente e gerencie seus períodos de silêncio. Isso desarma a outra parte, que em geral se torna mais transparente em suas atitudes.

6. *Limite sua autoridade.* Se em algum momento da negociação você se sentir em um beco sem saída, apele a uma autoridade superior. "A empresa me proíbe de aceitar algo assim." "Mesmo que eu quisesse, não poderia lhe dar o que está me pedindo." Além disso, você pode usar essa estratégia a seu favor, dizendo que tentará abrir uma exceção.

7. *Retire-se.* Quando não se chega a um acordo em um tempo razoável e você percebe que não há evolução, ameace se retirar. Em geral isso provoca um movimento. Todavia, se aceitarem sua retirada, você poderá voltar à mesa de negociações após alguns dias.

Conclusão

A negociação é uma ferramenta útil. No entanto, você deve entender que é uma ferramenta de troca, e não de imposição.

O elogio

Um rei foi derrubado do trono por seus inimigos. Por sorte, o líder conseguiu fugir na companhia de seu assessor mais leal, um mestre que desde a infância do monarca era responsável por sua educação.

Cansados, os dois homens encontraram uma cabana para passar a noite. Mas o lugar não estava vazio. Dois pastores dormiam enrolados em suas mantas.

O mestre não hesitou em acordar os pastores e explicar quem era seu acompanhante. Os homens não se importaram em repartir pão, queijo e cobertores com o soberano.

Antes de dormir, o mestre e o rei tiveram a seguinte conversa:

– Eles tinham a obrigação de nos ajudar – disse o rei, altivo.

– Sim, eles comportaram-se de forma leal. Por isso, seria bom que sua alteza os elogiasse. Todo mundo gosta de ser reconhecido.

– Mas isso não faz sentido!

– Bem, logo veremos. Sugiro a sua majestade que faça o que eu disse para demonstrar que minhas palavras estão repletas de verdade.

Assim, na manhã seguinte, o rei elogiou um dos pastores como havia lhe indicado o mestre, esquecendo-se do outro homem. Prometeu a ambos que os cobriria de luxos e riquezas quando recuperasse seu reino.

O tempo passou, o rei recuperou o trono e cumpriu sua palavra.

Pouco depois, o pastor que não havia sido elogiado foi surpreendido em um complô contra o rei, enquanto o outro se manteve fiel ao monarca.

Quando o traidor estava prestes a ser executado, o mestre disse ao rei:

– Majestade, o senhor viu que um bom elogio não apenas evita maiores problemas como mantém as pessoas próximas ao poder. Salve a vida desse pastor. Afinal, o senhor também é um pouco responsável por essa traição.

O rei entendeu as palavras e trocou a condenação por um exílio de cinco anos.

Comentário

Esta fábula hindu foi adaptada para destacar um grande desconhecido no ambiente de trabalho: o elogio. É incrível perceber que poucas pessoas são adeptas dessa palavrinha, e mesmo quando o fazem, às vezes o resultado é pior do que uma advertência. Não basta um tapinha nas costas, do tipo: "Muito bem, rapazes!" *O elogio é uma ferramenta para motivar e incentivar as pessoas a fazerem as coisas direito*. A regra principal é evitar os lugares-comuns e os chavões.

Existe ampla literatura sobre o assunto e a maioria do autores é unânime em relação a:

1. *O momento-chave*. É preciso definir o contexto do elogio, especificar o momento, ser claro e preciso: "Naquele dia, na reunião com aquele cliente..."

2. *A conduta adequada*. Uma vez definido o contexto, é necessário deixar claro por que estamos elogiando: qual

atitude que determinado funcionário teve é digna de louvor. Por exemplo: "Você foi muito claro na exposição dos objetivos da empresa e ágil na resposta ao cliente."

3. *Os próprios sentimentos.* Devemos nos envolver no momento do elogio. Demonstrar como estamos orgulhosos, seguros e satisfeitos.

4. *Motivar para que a atitude positiva continue.* Este é o último passo. A pessoa elogiada deve se sentir feliz e orgulhosa, para continuar nesse caminho positivo.

Desaprender o aprendido

Um mestre japonês chamado Nan-in recebeu a visita de um famoso professor universitário, que queria saber o significado da palavra "zen". Os dois se cumprimentaram e o mestre ofereceu uma xícara de chá ao convidado.

Com o cuidado e a parcimônia habituais, Nan-in serviu a bebida. No entanto, mesmo com a xícara já cheia, o mestre continuou vertendo o chá com grande naturalidade.

– Querido mestre, sua xícara está cheia – disse o professor.

– Como esta xícara, você está cheio de suas próprias opiniões – respondeu Nan-in. Como posso lhe ensinar o que é zen se você não esvaziar sua xícara antes?

Comentário

Ao longo deste livro encontramos valiosas observações de mestres, consultores e especialistas. Grandes ensinamentos em forma de fábulas e relatos, provenientes de diversas culturas e diferentes épocas, que nos ajudam a refletir e a ter uma atitude em sintonia com o sucesso de cada um de nós.

O objetivo de encerrar *Era uma vez uma empresa* com este clássico japonês é demonstrar que, para aprender, a primeira coisa a ser feita é desaprender. Não julgar as pessoas e as situações segundo nossos próprios conceitos. É preciso deixar-se surpreender, impressionar. É possível tirar grandes lições de coisas aparentemente insignificantes. Nesse sentido, a melhor escola é o dia a dia, os problemas e percalços do cotidiano. Contudo, não podemos acreditar que o fato de sabermos cada vez mais signifique que tudo irá melhorar ou piorar. Confúcio demorou a entender isso e Lao-Tsé tratou de lhe ensinar.

Conclusão

Confúcio, na primeira vez em que se aproximou de Lao-Tsé, revelou:

– Li os *Seis clássicos*. Sou um especialista na matéria. No entanto, nenhum dos 72 dirigentes que aconselho jamais colocou em prática minhas ideias. O que estou fazendo de errado?

Lao-Tsé respondeu:

– Talvez você tenha lido os *Seis clássicos*, mas não deve esquecer que eles representam apenas as pegadas, não são os sapatos.

Informações sobre os próximos lançamentos

Para receber informações sobre os lançamentos da EDITORA SEXTANTE, basta cadastrar-se diretamente no site www.sextante.com.br

Para saber mais sobre nossos títulos e autores e enviar seus comentários sobre este livro, visite o site www.sextante.com.br ou mande um e-mail para atendimento@esextante.com.br

EDITORA SEXTANTE
Rua Voluntários da Pátria, 45 / 1.404 – Botafogo
Rio de Janeiro – RJ – 22270-000 – Brasil
Telefone: (21) 2538-4100 – Fax: (21) 2286-9244
E-mail: atendimento@esextante.com.br